家族の変容とこころ

ライフサイクルに添った心理的援助

村瀬嘉代子……監修
伊藤　直文……編

新曜社

まえがき

〝家族機能〟の衰退が指摘されて久しい。また、近年のさまざまな社会的出来事に接して、「家族さえしっかりしていたら……」「家族は何をしていたのだろう……」といった慨嘆を耳にすることも珍しくない。

家族の機能は、代表的な説〔山根常男〕に従えば、①性的機能（性的充足）、②生殖的機能（子孫を持つ欲求の充足）、③経済的機能（経済的生産と消費、生活維持、扶養）、④教育的機能（子の社会化）、⑤心理的機能（成員の情緒的安定、愛情欲求の充足）に分けられる。

このように家族の諸機能を概観してみると、確かに時代の推移とともに、性的機能は家族（夫婦）外でも充足される機会が増加し、それに伴い、生殖的機能の発現も弱化しつつあるように見える。さらに経済的機能は、家族が生産の単位である家庭はごく少数となって、もっぱら消費の場となり、その消費欲求さえ、子どもが一定の年齢になるとアルバイトなどによって満たされるようになって家族的基盤を離れていく。教育的機能は、社会変動の激しさのなかで親が多くを担いきれなくなり、学校、塾、さまざまな専門家などに大幅に委譲されつつある。
かくして、家族固有の機能として唯一〝心理的機能〟が強調されるようになっているように見える。しかし、家族は、愛情的関係を基盤にしながらも、日々の具体的な時間と空間を共に生き、互いの「生」を分かち合うことを通じて、絆を深め、互いを重要な他者としてこころに刻んでいくものである。先に挙げた諸機能の弱化は、必然的に、心理的機能の基盤をも不確かなものにしているのではないだろうか。

こうみると確かに、家族の機能は衰退しつつあると言わざるをえない。ただ、これを父母と子という形式的単位としての家族の問題と考えるのは、あまりに「家族」に対して重荷を負わせすぎることになるだろう。家族が家族らしくあるためには、親族、近隣、より大きな地域社会の力が大きく作用する。

たとえば、都会でも昭和三〇年代くらいまでは、休日に親子そろって外出しようとすれば、必ず近所の人から『お出かけですか』と声がかかり、ちょっとした世間話のやりとりのなかに子どもも参加したものだし、子どもが近所に買い物に行けば『おや、今日はお母さんは?』と声をかけられ、子どもなりになにがしかの会話をしたものである。こうした日常の些細な出来事の積み重ねを通じて、家族成員は、自分が家族の一員であることを意識し、絆を確認したし、社会を前にして家族の一員として振舞う術を学んだのである。また、このように自他ともに認め合う「家族」というまとまりを通路として、社会の教育力や支持が家族成員に及んでいたに違いない。

こうした親族、地域社会が家族を支える力は、都市化・情報化をとおして家族の孤立が深まるのに伴い、深刻なダメージを受けている。すなわち、現代における家族機能の衰退とは、家族という単位の弱体化という視点から見ることもできるが、家族が機能しにくい条件が増しているという社会学的視点からも考えることができるだろう。そして、こうした社会変化の方向性に変化する兆しが見出されない以上、家族の衰退と弱体化の流れは当面のところ容易に変わりえないように見える。

しかし、それに反して、あるいはそれゆえにかもしれないが、心理臨床の実践を通して痛感させられるのは、人のこころの成長と安定にとっての家族の意味の大きさである。

心理学の歴史において、家族の存在の重要性を初めて説いたのはジークムント・フロイトだといわれるが、彼の臨床の主な対象がいわゆる神経症水準の患者であったことを考えると、より未熟でいわゆる「育ち直り」の必要なクライエントに接する機会が増えつつある昨今の心理臨床において、家族の重要性は、増しこそすれ減少することはないだろう。

いかに現代家族の機能が低下したといっても、人は誰もが父親と母親のあいだに生まれ、一人ではその生存さえ維持できない時期を家族の親密で無償の愛情に包まれながら過ごすことを考えれば、人が危機に陥り、根源的な孤独を味わったときに、家族の癒しを求めるのは決して不思議ではないし、また、他者との愛情的関係に家族的愛のアナロジーを求めるのも奇異なことではない。

おそらく現代は、家族を信じることができなくなると同時に、家族を渇望する時代なのであろう。

＊＊＊＊＊＊　　＊＊＊＊＊＊　　＊＊＊＊＊＊

さて、本書では、さまざまな臨床領域の実践家と研究者によって、それぞれの領域の重要課題が家族との関連において論じられる。その過程で、時代思潮と社会の大きな変化のなかにあって、家族の変容したところ、変容しないところ、また変容させてはならないところ、それは何かが浮き彫りになることを期待した。また、とりわけ家族を家族たらしめる要因が何であり、家族が家族として機能するように手助けするためにはどのような条件が必要なのかについて、より具体的な道筋を提起することができればと考えた。そして、家族という容易に捉えがたい複雑な存在のいくつかの側面に光をあてるとともに、どのような家族にも潜在している力を信じ、それを生かすための方向性を示すことがいくぶんなりともできたのではないかと思う。

この本が、読者の思索と実践の一助になれば幸いである。

伊藤 直文

家族の変容とこころ——目　次

装画　吉見まゆ子
装丁　上野かおる

家族の変容とこころ

――ライフサイクルに添った心理的援助

序　章　家族という営みを考える

――パラドックスを生きるために

村瀬　嘉代子

「家族なき家族の時代」「薄れゆく家族の絆」「家族の機能の弱体化」などと、近代家族が危機に瀕していることを憂える指摘がなされて久しい。結婚率の低下、少子化、育児不安などなど、家族生活にまつわる課題はマスメディアをはじめさまざまな状況で絶えずとりあげられている。一方、「現代家族の病理ばかりがいささか強調され過ぎているのではないか」と、その一面性を指摘する見解もある〔滝川・一九九五年〕。

家族のもつ問題についての対応は、少子化対策が講じられたり、育児支援の活動も次第に発展を見せるなど、行政的施策も講じられてはいる。たしかに、時代と社会の推移につれて家族は変容しているのは事実であろう。

ところで、「家族」とは一見あまりにも自明で、人は誰しもそれぞれに家族とかかわりをもち、家族についてその個人なりの見解を抱いている。視点をどこにおくか、スタンスのとり方で、まことにさまざまな受け止め方がある。普遍的な共通感覚的理解があるようでいて、実際には個人によって家族の受け止め方には相違がかなりあるといえよう。様相を主に見るのか、現実の家族の生活はともかくとして人々がこころの底深く抱く家族についてのイメージや願望・家族の深層を主に考えるのか、あるいは生態学的・社会学的に捉えるのか、など視点はいろいろある。

家族をとらえる視点

そもそも家族とは何か、と考えてみると、専門書には数多くの定義がある。広辞苑などには「血縁により云々……」と記されているが、必ずしも血縁によらない絆をも含むと考え、ここでは次のようにとらえよう。「その構成員が結婚、血縁（擬制的関係をも含む）により、結合する基礎的社会集団であり、その基本機能としては子どもの社会化機能の基礎的領域を担う。生活の相互保証機能、および家族成員のパーソナリティの安定化機能がある」（布施・一九九二年）。

ところで、家族を考える場合、まず第一に、一人称単数つまり「わたし」の側面でとらえる場合、主観的・内省的色彩を帯びたものとなる。各自の家族イメージなどがその例である。次に、一人称複数つまり「わたしたち」という側面で考える場合であるが、それは社会的・制度的・文化的視点であり、家族についての暗々裏の慣習や家族法などがその現れであろう。第三に、三人称的つまり客観的・科学的な視点でとらえる側面がある。

さて、臨床場面で家族に拘わる場合、家族に対しては、よい意味でのバランス感覚ある統合的・包括的な理解が必要であろう。自分の個人史に色濃く彩られた「一人称的」側面に偏った理解（端的にいえば、自分の価値判断基準に則り、それに相対的視点での吟味を加えない考え方）は、それが鋭利なものであっても、相手の世界に添った理解をすることを、時に難しくする。これは臨床においては不適切であろう。どれか一つの側面に偏るのではなく、これら三側面からの理解を統合的・包括的に行うことが求められている。したがって、ここでは、人のこころの生成・支え・治癒成長にとって家族がもつ意味・営みについて、前述した三つの側面を視野に入れながら考えていきたい。

両親性、父親・母親

昨今、注目を集めるようになった「ジェンダー・フリー」という考え方や、家庭生活の役割分担を硬直的に固定化してとらえない（あるいは役割の「相補性」が大切であるとする）などといった主張と呼応してであろうか、父性や母性という視点からではなく、親について考える場合、〝両親性〟と考えてこそ意味がある、という主張もある。たしかに後述するように、育児をはじめ家族生活の営みにおいては、両親の協力が（一度ことがあった場合には、柔軟な役割の互換性も）重要なのは確かである。しかし、そのまえに、父親と母親のそれぞれの特質を承知してこそ、その上にコラボレーティヴなよい関係にもとづく家族の営みが展開されるのであろう。

人は誰しもこの世に生を受けると、終生「子」という存在として規定される。一方、親であることは、子どもが生まれてそれを親として育てるという（養親子、里親・里子という擬制的親子関係も含む）営みと関係によって規定される。

まず「父親」と子どもの関係を考えてみよう。血液鑑定やより精度の優れたＤＮＡ鑑定の技法がなかった頃は、父親と子どもとの関係は「わが子である」と信じることによって始まるものであった。そこに、一般的に考えられる父親の子どもに対する理性的態度の基盤があろう。さらに、男女の社会参加が平等であることが法的にも謳われ、女性が生涯、就業を継続することが当然のことと考えられ、それに伴って、充分とはいえないながら、就業継続を望む女性のために、育児と仕事の両立を助けるシステムが整いつつある現代にあっても、なお女性は、状況によっては「家庭に入る」と表現されるように、家事・育児、あるいは家事に専念するというライフスタイルも選択の一つとしてあり得る。それに比べ、男性の社会参加には、背水の陣を敷き退路を断って臨むという感覚が、現在なお暗黙のうちにある。「仕事人間」「家庭を顧みない」などと批判されることもある父親にとって、社会的職業人の役割遂行と父親の役割のそれとのバランスは、当人にとってはいささか難しい局面があろう。

では、「母親」の特質をどう考えたらよいであろうか。ちなみに、百科辞典と広辞苑をひいてみると、いずれにも「女の親」とシンプルな（それゆえにこそ含蓄ある）表現がなされているので、私は思わず微苦笑してしまった。人工生殖の技術が今日のように適用される時代になると、いささかその感は薄れたとはいえ、もともとは「産む性」である母親と子どもの関係は、体内に生命が宿されたその時から、まさしく実体的な直接的繋がりの感覚をもとにして始まるといえよう。母親と子どもとの一体感・融合感はこうした生理的事実をもとにしている。

十八歳から八十歳までの母親たちを、生活背景もさまざまなアメリカの国情を反映すると考えられる三五〇〇〇〇世帯のなかから一〇〇〇世帯を抽出し、母親であることと自分の生について、九〇項目のアンケート調査を施行した報告記録『母親』〔Luis Genevie & Eva Margolies, 1987〕がある。八七〇名の回答を得て、それらに基づくアメリカの母親の現状と課題が記されている。

一読して、まさに「母親」とは普遍的でありながらきわめて個別的な「経験」であることを再認させられる。母親であることに十全の歓びと満足を抱く人から、その対極にいたるまで、また、激しい葛藤に苛まれている人々、とその体験の仕方の幅は広い。調査は被調査者の詳細な背景要因を問うていないが、行間から、その個人の個人史、パーソナリティ、配偶者やその他身近な関係にある人々のありよう、職場や地域社会、その地域の精神風土など、その個人が母親であることをどう受け止めるかにかかわる背景要因にも想像が及び、あれこれ考えさせられる。わが国で類似の調査は行われていないようであるが、おそらく結果はかなり共通したものとなるのではなかろうか。

ちなみにそこには、翻訳されている七名の専門家による各自の翻訳担当部分についての評釈が附されている。被調査者らの反応とそれについての翻訳者の評釈を読んでみると、翻訳者個人の立脚点と評釈の内容が微妙に関連しており、これはまた、読者が自分のスタンスを振り返るうえで示唆になるものと思われる。前節で、事を論じる場合のスタンスについて述べたが、臨床の営みにおいて、「母親」について考える際には、自分自身の母親としての体験を個人的主観性に陥らせぬように、しかも個人的経験のなかから個別性と普遍性を融合させるべく、バランス感覚に留意する必要があることを改めて思う。

家族に期待される営み

家族に期待される機能は、次のような矛盾した要素を含んでいる。

a　成長促進的・教育的である ⟷ 甘える、憩う、拠り所である
b　家族成員の個性を尊重し、人格を認める ⟷ 社会化され、慣習に則っていく
c　家族成員間の緊密な相互関係を維持する ⟷ 成員間の適切な距離を保って、相互に自立を妨げない

このように、家族に期待されている営みとはいずれも、人として成長し、安全保証感を維持して生きる希望を抱いていくための、精神的土壌を形成する必要不可欠な要素である。ただし、それぞれ矛盾した要因を、その場の状況に即応して家族成員に対する振舞いにどう現していくか、これはマニュアルなどになじむことではない。優しく甘えを受け容れながらも、必要なことは会得させ、間違いは正して教えること、これには、相手の心身の発達の程度やパーソナリティその他諸々の条件を総合して考えなければならない。しかも、家族生活はさりげなく自然でありたい。意図や作為がむき出しでは憩いの場ではなくなってしまう。

また、家族一人一人の（たとえ乳児であっても）人格を認める姿勢が要るであろう。子どもといえども（たとえ一体感を抱きやすくとも）「母親と子どもは別存在」という自覚も基底には必要である。所有物ではない、しばらくのあいだ自分に委ねられてある存在なのだ。「委託には慈しみと責任をもって応えたい」という生への畏敬の感覚が求められるのではなかろうか。それでいて、家族成員各自の個性を認めつつ、ただ気まま自由・無秩序であってもならない。世の中の人々と分かち合い協調し合っていくことの原形を学び、社会化の第一歩を踏み出すのは、本来は家族生活を通してなのである。

成員間の関係の特質は、他の人間関係のように「契約」を基底に置くものでなく、利害関係を超えたもの、情緒の結びつきを基にするもの、信頼を基底に置くはずのものである。だからこそ、家族のあいだでは本来

は、信じ合い気持を分かち合う緊密な繋がりが期待しうるのである。だが、こうした情緒的な繋がりに無際限な期待を寄せるのではなく、相互に程よい心理的な距離、相手の世界にみだりに立ち入りすぎないことも必要である。子どもの生活のなかでの様子から伝わってくるメッセージに気づく観察力・感受性は持ちたいが、それは、子どもの登校中に机や持ち物を探り見るというようなことではない。そして、子どもの発達の状態に応じて、どのように親子の距離を伸ばしていくかということも大切なポイントであろう。

こう考えてくると、「家族の生活がふと煩わしく考えられる」と感じられるのも宜なるかな、ともいえる。こういう拮抗する対極をなすような課題を、それぞれ目前の現実に照合して、適切な兼ね合いをもって振舞うのは難しくもある。皮肉なことに、こういう家族の人間関係を円滑に運ぶ力は、狭義の学校教育を長く受けたからとて、その年限に比例して進歩するという保証はない。知識の量は、生きるための聡明さや智恵とイコールではないようだ。むしろ身体のなかをくぐってきた観念、他者の気持を汲みとる力は、育ちや日々の暮らしを通しての人との関わりから探索的に会得されていくところが大きいといえよう。このための便利なマニュアルなどはもちろん無い。そのようなものは作り得ないであろう。

期待される父母像・家族像

つつがなく家族の生活が運ばれているときは、「家族」は家族成員にとって、空気のように当然のものと受けとられる。家族がその成員にもたらす独自の長所はあまり自覚されず、むしろ気遣いや自ずと求められる協調のセンスが煩わしくすら感じられることも時にあろう。だが、ひとたび家族の関係に歪みが生じたり、それが失われると、その意味の大きさに気づくのが、「家族」というものである。

かつて私は、都内の同一地域で十年間の期間をおき、「子どもの抱く父母・家族像」についての投影法的手法を加味したフォローアップ面接調査を、就学前幼児、小・中・高校生ならびに養護施設入所児童に施行した〔村瀬・二〇〇一年〕。子どもたちは、「家族の絆や世代間境界が薄れた」「家族関係が希薄化した」といった識者たちの指摘とは別に、そしてかれらの家庭生活の実態とは必ずしも一致しないながら、「大人になって大切にしたいもの」の一番に家族をあげ、かれらの家庭生活の現実とは別に、イメージのなかでは、父親を「家族のよい意味での権威と保護のモデル」、母親を「家族成員をまとめるべく細やかにフォローし、心身を救護してくれる人」と答える傾向が圧倒的に多かった。

さらに二〇〇五年二月、「母親の平均的就労時間のほうが父親のそれより現実には長いであろう」といわれる鹿児島県徳之島の保育園児たちに同様の投影法的手法を加味した面接調査を施行した結果においても、父親は「たくましく強くリーダーシップをとる存在」、母親は「細やかなかかわりを家族に対してする人、愛着の対象」というイメージが多く語られた。

同じく、大学院生四〇名あまりに「家族」について尋ねたアンケート結果においても、「家族の生活は、人間存在にとって根元的に大切なこころの拠りどころ」「男女の違いを認め、相互に活かし合いながら協調的でありたい」「父親はよい意味での権威やリーダーシップを、母親は細やかな情愛を家族に注ぎ、家族をさりげなくまとめる存在」「育児は両親が協力して、しかし、母親はより暖かく甘えの対象であり、家族を包む存在」と集約されるような父母・家族イメージが語られた。*

これらの結果は平素の臨床で出会う家族的背景に齟齬を抱き、愛着不全感を抱くクライエントの人々が希求する家族像と基本的に同じである。被虐対経験をもつ養護施設入所児童は、私に向かって、真剣な面持ちで母親としての経験のさまざまについて尋ね、我が家での短い滞留時間を通して、家族としてのあり方の手懸かりを探して考えようとすることしばしばであった。

親として提供すること／与えられること

個人が父親もしくは母親としてどうありえるかは、単に当の個人の資質や姿勢で規定されることではない。配偶者、パートナーがいかに伴侶を理解し、支えようとしているのか、二人を囲む他の家族成員のありかた、地域社会の精神風土やその他の社会資源がどのようであるのか、などなど背景要因の如何が影響している。父親や母親について考える場合、個人としての親に焦点化して考えるばかりでなく、その背景要因のさまざまをも視野に入れる必要があろう。

ことに母親にとって、経済効率が重んじられ、そして「一人何役かを兼ねる母親のほうが、専業の主婦より意義ある生活だ」と暗黙に考えられる時代にあっては、「母親であること」に安心と満足を見出すのは難しいことではなかろうか。病む家族や高齢の家族成員をケアする（あるいは育児に専念しようとする）母親それぞれのありかたが、その人の、またその家族の、かけがえのない必然であるのだと、ライフスタイルの多様性を相互に認め、時にさりげない援助の心配りがなされるような精神文化が望まれる。安んじて母親であることができる社会が望ましい。

ともあれ、親であることは負担ばかりであろうか。人が親になり、親として生きるという経験のもつ特質を考えてみよう。

「ほどよい母親」とは、かのウイニコットから、完璧を期したり過剰に自責的になりがちな母親に贈られた貴重な視点である。人は誰しも子どもを育むという営みを引き受けるところから、「親」という役割を、それまでの社会的個人史や社会的位置づけとは別に、一年生としてとりはじめる。まだ首もすわらない嬰児を抱くときの感覚、抱き手を信じてすやすや眠る腕のなかの嬰児の柔らかみを伴った不思議な体重の感覚・暖かさ・微かな乳の香り……、これらを感じるとき「自分はこの命ある存在から委ねられているのだ」という自覚、歓び、一抹のおののき、密やかな責任感、自負心などが一体となった心持ちが生まれる。これは育児の過程においてその後、基底音として流れていくものであろう。だからこそ、時宜を得た程よい支えや協力援助が、子どもの人生最早期を長く共にあって養育することの多い母親をして、「ほどよい母親」たらしめていくために必要なのだ。

幼児期、子どもは「自分」を持ちはじめ、その子らしい個性が見えてくる。親にとっては、わが子といえども独自の個性を持つことを受けとめ、相手の状態に合わせて少しずつ世界が広がるように自律の術を伝えていく（また、その場合の「呼吸合わせ」のセンスを、経験を通して探索的に体得していく）ことが課題になる。相手の状態をよく理解してそれにそっと合わせながら教える・伝えるという営みは、「決められた範囲の学習を自分のペースで努力すれば相応の成果や評価が概ね得られる」という、それまで学校や職場で通用する努力と結果の関連とは全く違う。相手と呼吸をほどよく合わせること、相手は自分とは別個の人格を持つということをしたたかに認識し受けいれること、そうしたことが親にとっては課題となる。

子どもを育む過程とは、相互的関係であり、そこにはひそやかな喜びや楽しみもある。ときに自分の半身は子どもの目線で子どもの世界を分かち合うとき、大人は自分の子ども時代をもう一度生きなおし、新たな発見や修復を成すこともできる。大人のこころも賦活し、広がりと深まりが生まれる可能性がある。一方、子どもは成長するにつれて、この世の相対的評価の現実を体験する。生にまつわる不条理・不平等、努力しても素質のある友人に叶わぬ哀しみを体験するわが子に、「ほかならない自分」という、ささやかでも誇りを取り戻せるような眼差しを贈ることができるか？ ——親として、否、人として、自分のありかたが問われる状況である。

思春期・青年期の子どもは、相対化した眼差しをもって親を眺めるようになり、自分の生き方、世界へと巣立ちはじめる……かたや甘えも残しているという矛盾を抱えながらも。親としては、向けられる相対化した眼差しに正直に誠実に応えられるかどうかが問われる。子どもが思春期を迎える頃は、親も自分の人生の「中期決算報告」の時を迎えるとでもいえようか。建前にしがみつき無理するのでなく、ありのままに自分を含めて事実を見つめられるか？ ——思春期・青年期の人々の傍らにある親も、大きな課題に遭遇することになる。

養育のつとめも終えた親にとっては、求められれば相手に選択する余地を残しながら控えめに意見・助力をすることがほどよいスタンスのとりかたであろうか。そして、必要な距離・節度を保って、子どもの幸福を素直に喜ぶ（自分のオリエンテーションに則って考えるのでなく、「相手にとって最良は何か」と考える）、出来うる限り自立的に生きることを心懸ける。こういう次第に運べば如何であろうか。

パラドックスを生きるということ

「両性の平等」「自己実現」「女性の社会参加の促進」などなどと標榜される時代にあって、社会参加と「親であること」を両立させることは、必ずしも容易ではない。多くの女性が程度の相違はあれ、物心ついて将来を思い描いたり、現実に大人になって、直面せざるを得ないのがこの課題である。これをどう解くかについてのマニュアルはない。自分の資質の特徴、周囲の関連する環境、諸々の条件を社会や時代のありかたをも視野に入れて選びとり、決めていくことになる。これは難しく、ときに激しい葛藤に苛まれる場合もあり得る。

だが、これほど社会のあらゆる局面で制度化がゆきわたり、マニュアル思考が役立つ現状にあって、自分のありかたについて葛藤を抱きつつ、この二律背反的要素を含む母であること。それと社会的存在としての自分をどう生きていくのか、ということ。自分や家族のライフサイクルのある過程では、この両者への重点の置き方は違うこともある。

人生を生きるということは、パラドックスを生きるということでもある。そして、良質の自己実現とは、「わたし」を突出させて生きようとするより、「自分も生かし、周りも生かす」というありかたを模索していくことではなかろうか。自我の確立した個人としてあることと、母親として家族とともにあって、周りを生かし自らをも生かすこと、これは容易ではないが解くには甲斐のある課題ともいえるかもしれない。

男性である父親とて同様である。社会的役割、職業人としての仕事へのコミットメントと家族生活のバランスをどうとるか、生きる智慧と覚悟が問われるところである。

おわりに

精神科医、神谷美恵子は類い希な資質と意志に恵まれていたが、曲折を経て、ようやく父の許しを得て医師になったにもかかわらず、夫の生物学者、神谷宣郎の粘菌培養の手伝いをした。そのうえ、幼いとき病弱であった息子たちの治療費のために、フランス語の家庭塾を営んだ。そして、腫瘍を病んで四十歳を過ぎたとき、ハンセン氏病者の療養所、長島愛生園で、周りと折り合いをつけつつ本来の精神科医の仕事に着手した。そこから今日なお人々に読み継がれる深い思索と真摯な実践から生み出された多くの感銘深い著作を遺したのである。

また小倉遊亀画伯は、必ずしも恵まれたとはいえぬ生い立ちにあっても、それに挫けず、自らさまざまに生きる悦び、課題を見いだし、女性として上村松園に次いで院展同人となる。さらに彼女は四十三歳で七十三歳の思想家小倉鉄樹と結婚し、世間の非難にもかかわらずしばらくは絵筆を折ったのであった。それまでも第一人者であったが、その後の「一枚の葉が描けたならば宇宙は手中に入る、八十歳過ぎて精進する遊亀を神様があわれと思し召して美の片鱗を与えて下さった」という境地に開かれたのである。さらに、長らく妻子を省みず外国に在った晩年の実父と同居し看取った。また、養子を迎えて家族を作られたが、その家族の自然な暖かい様子は幾つかの作品のモチーフにもなっている。いわゆる生物学的な繋がりはなくとも、すばらしい絆のある家族を作られたが、孫の小倉寛子『天地の恵みを生きる』〔二〇〇二年〕によると、養子に先立たれ、一時は画業から遠ざかろうとする祖母を並みの言葉には尽くせぬ介護によって、百歳を過ぎて絵筆を再びとらせ、最晩年の秀作が生まれることになったのであった。血縁を超えた絆の見事なありようである。凡人の私には、このお二人は遙か遠い崇敬の対象である。「自分をも生かし、周りをも生かす」この課題を考えるとき、ふと思い浮かぶ方々なのである。

＊　鳴門教育大学大学院山下ゼミの大學院生並びに大正大学大学院院生の協力による。ここに記して感謝致します。

文　献

滝川一広〔一九九五年〕「新しい思春期像——思春期心性と現代の家族」精神神経学雑誌九七巻八号——滝川一広『新しい思春期像と精神療法』〔金剛出版二〇〇四年〕所収。

布施晶子〔一九九二年〕「いま、日本の家族は」布施晶子・玉水俊哲・庄司洋子編『現代家族のルネッサンス』〔青木書店〕。

Louis Genevie and Eva Margaolies (1987) *The Motherhood Report*, Macmillan Publishing.——江原由美子・浅井美智子・大日向雅美・仲真起子・藤崎真知代・本間直子・吉永世子訳『母親！』〔朝日新聞社一九八九年〕。

村瀬嘉代子〔二〇〇一年〕「子どもの父母・家族像と精神保健——一般児童の家族像の十年間の推移並びにさまざまな臨床群の家族像との比較検討」——村瀬嘉代子『統合的心理療法の考え方』〔金剛出版二〇〇三年〕所収。

小倉寛子〔二〇〇二年〕『小倉遊亀　天地の恵みを生きる——百四歳の介護日誌』〔文化出版局〕。

さまざまな問題の　多様な側面

第一章

親であることと子であること

——〈離婚〉をめぐる重荷を担う

原 千枝子

本章の原千枝子氏は執筆当時、東京家庭裁判所の次席家庭裁判所調査官であり、かつては家庭裁判所調査官研修所（現在の裁判所職員総合研修所）の教官を務められた方である。こう記すと何やらいかめしく感じられるかもしれない。だが、実際はお話ししてみると、諸事前向きに受けとめようとされ、明朗な方である。予期せぬ人生の課題が目前に立ちはだかって、気持が沈んだ家事事件当事者でも、お話ししているうちに、なにか曙光が見えるような気持になり、現実的な解決を考える気分に次第になっていくであろう、とその面接場面が想像される。

昨今、離婚が現実生活の齟齬を解消する方法として、その肯定的側面がやや強調される気配なきにしもあらずである。だが、不自然な忍耐をするのは不適切であれ、離婚に伴う諸々の新たな課題について、配慮は必要不可欠である。ことに、夫婦の間に子どもがある場合には。

本章は、夫婦の不協和音の発生から、それが離婚事件へと展開し、やがて、相応の結論を見て紛争が一応収束するまでの過程と、親の離婚を子どもはその発達年齢やパーソナリティ特徴などに応じてどのように体験するのか、について、具体的に解りやすく述べられており、離婚に伴って子どもが受けるこころの傷をいかに少なくし、また和らげていくかについて、詳細に、具体的に叙述されている。

家庭裁判所（以下「家裁」）では、親族間に起こるさまざまな紛争や人の身分関係の変動などに関することがらを「家事事件」として扱っている。そのなかでも離婚調停やその他離婚に関連するものは、家庭裁判所で扱う家事事件で最もよく知られているものである。この章では、そうした離婚に関係する家事事件を通してみた家族の問題、なかでも子どもの問題に焦点を当ててみたい。

離婚に関する家事事件

離婚の方式と家裁

離婚には、協議離婚・調停離婚・審判離婚・判決離婚の四つの方式がある。*「協議離婚」は、離婚届に双方が必要事項を記載し署名押印して、二人の証人の署名押印をもらって市区町村役場に提出すれば成立するものであり、離婚総数（平成十四年度は約二八〇〇〇〇件）の約九〇%強を占める【表1】。その他の方式のうち、「調停離婚」が離婚全体の約八%で、残り一%弱が「判決離婚」である。「審判離婚」は、調停離婚と判決離婚の間のようなもので、家裁が合意に反しない範囲で審判するというもので、日本全体で年間に八〇数件しかない。

離婚する場合には、まず双方が協議する、協議離婚ができない場合に家裁に調停を申し立て、調停でも合

表１　離婚の種類別にみた年次別離婚件数及び百分比（％）

年次	離婚総数		協議離婚		調停離婚		審判離婚		判決離婚	
	届出数	百分比	件数	百分比	件数	百分比	件数	百分比	件数	百分比
1948（昭23）	79,032	100.0	77,573	98.2	1,220	1.5	92	0.1	147	0.2
1955（昭30）	75,267	100.0	69,839	92.8	4,833	6.4	27	0.0	568	0.8
1965（昭40）	77,195	100.0	69,599	90.2	6,692	8.7	41	0.1	863	1.1
1975（昭50）	119,135	100.0	107,138	89.9	10,771	9.0	54	0.0	1,172	1.0
1985（昭60）	166,640	100.0	151,918	91.2	12,928	7.8	59	0.0	1,735	1.0
1995（平７）	199,016	100.0	179,844	90.4	17,302	8.7	66	0.0	1,804	0.9
2000（平12）	264,246	100.0	241,703	91.5	20,230	7.7	85	0.0	2,228	0.8
2001（平13）	285,911	100.0	261,631	91.5	21,957	7.7	81	0.0	2,242	0.8
2002（平14）	289,836	100.0	264,430	91.2	22,846	7.9	74	0.0	2,486	0.9
2003（平15）	283,854	100.0	257,361	90.7	23,856	8.4	61	0.0	2,576	0.9

（注）厚生労働省「平成15年 人口動態統計」による。

意できない場合に調停、そして裁判ということになる。調停で離婚の合意ができない場合、平成十六年三月までは、地方裁判所に離婚の提訴をしなければならなかったが、同年四月から、家裁が離婚を含めた人事訴訟事件の専属管轄になり、離婚裁判を扱うことになった。この背景には子どもの問題がある。離婚しようとする夫婦に未成年者の子がいると、必ず親権者をどちらかに決めなければならない。「親権をめぐって父母間に対立がある場合、法律的な観点だけでなく、人間諸科学を専門とする家庭裁判所調査官（以下「調査官」）を活用することが望ましい」ということが以前から言われていて、それが人訴事件の家裁への移管の一つの要因となったものである。少子化が叫ばれるようになって久しいが、子どもをめぐって深刻な争いをするケースが増えてきているのは事実である。

離婚に関連する事件

家裁では、離婚調停だけでなく、「離婚が決まるまでのあいだ、別居中の夫婦間における生活費の問題や子どもの世話をどうするか」といった問題についても扱っている。

離婚時に子どもを手元においておいたほうが親権者となるのに有利

表2　離婚関係・子どもの監護を巡る調停事件新受件数の推移

	平成11年	12年	13年	14年	15年	16年
総数	109,263	114,822	122,148	128,554	136,125	133,227
婚姻費用分担	4,381	4,751	5,410	6,304	7,340	8,316
子の監護に関する処分	13,456	15,041	16,923	19,112	22,629	22,273
うち監護者の指定	283	330	369	478	519	607
うち養育費請求	10,870	11,880	13,220	14,718	17,280	16,375
うち面接交渉	1,936	2,406	2,797	3,345	4,203	4,556
うち子の引渡し	355	407	458	502	540	574
親権者指定・変更	8,688	9,055	9,857	10,133	10,186	9,779
婚姻中の夫婦間の事件	52,885	55,560	59,005	61,001	62,526	59,869
その他	29,853	30,415	30,953	32,004	33,444	32,990

（注）最高裁判所事務総局 司法統計年報（平成11年～16年）による。

だと考えて子どもを奪い合ったり、離婚したくないほうの配偶者が子どもを自分のもとに置いておけば戻ってくるだろうと、いわば人質のように子どもを保育園などから奪って遠くにいる自分の実家に預けてしまう、というような子どもの奪い合いの事件もある。別居中の子どもの監護をめぐる事件では、双方の実家を巻き込んで激しい争いになっていることが少なからずある。また、一緒に生活していないほうの親が子どもと交流することを「面接交渉」というが、このルールの取り決めのために調停が申し立てられることもある。

離婚がいったん決まったあとの子どもをめぐる紛争としては、「離婚時に決めた親権者を変更してほしい」というものや、「離婚時に取り決められなかった面接交渉のルールを改めて取り決めてほしい」とか、離婚時に取り決めた養育費の増減額請求などがある。

家裁で扱う離婚関係事件の推移を見ると、子の監護に関するものが増えている【表2】。とくに「監護者指定」事件と「面接交渉」をめぐる事件の増加が著しく、父母が子どもをめぐって争うことが増えている、裏返せば、多くの子どもが父母の紛争に巻き込まれ、家事事件に登場しているということにほかならない。

家事事件で出会う子どもたち

離婚に関連する家事事件で調査官が出会う子どもたちの多くは、離婚紛争の渦中にある父または母や、離婚はしたものの紛争をひきずっている父または母と生活している。離婚の九割以上が協議によるものなので、家裁で出会う子どもたちの心理状況が、離婚を体験する子どものすべてに当てはまるわけではない。しかし、たとえ長期にわたる離婚紛争がなくとも、子どもは多かれ少なかれ父母の離婚による影響を受けており、同じような心理状況を経験しているものと考えられる。

紛争の渦中にある子どもは、大きな不安にさいなまされている。大人が思う以上に、父母の争いは子どもを不安にする。年齢や発達の程度にもよるが、子どもは状況を客観的に把握することができないだけに、「これから自分を含めた家族がどうなるか」という予測を立てられず、生活のいろいろな側面で不安を抱かざるを得ない。親のほうも離婚紛争で手一杯で子どもに向けるエネルギーが低下してしまいがちになり、また、親が緊張状態にあることを子どもは感じ取っているので、不安に思うことを直接親に確かめることができず抱え込むことになるのである。

子どもは不安を抱えきれなくなると、さまざまなかたちで問題行動として表出する。乳幼児期の子は、母親に過度にしがみつくようになったり、夜泣きが激しくなったりする。また、心理的ストレスが続くと生気がなくなり、ミルクの飲みが悪くなって体重の増加がみられないこともある。幼児期の子も、母親へのまとわりつきや夜尿などの退行現象を示すことがある。

子どもが抱える不安は、離婚に向かう父母の状況から引き起こされる漠然としたものもあるが、父母の対立が明らかになってくると、子どもは、争う父母の間に立って板挟みになり、「忠誠葛藤（ロイヤリティ・コンフリクト）」に悩まされることになる。子どもにとって親は、たとえどんな親であってもかけがえのない存在であり、どちらに味方することもできないのである。とくに保育園・幼稚園の年長から小学校三年頃までの子が、強い忠誠葛藤を起こしやすい。

この時期の子どもは、ある程度、自分の置かれている状況を理解できるが、父母の紛争から距離を置いて自分を守ることまではできないので、紛争に巻き込まれて苦境に置かれやすい。別居している親（以下「非監護親」）のことも好きで「会いたい」という気持ちを抱いていても、同居している親（以下「監護親」）には見捨てられたくないし、監護親の気持もわかるので、非監護親への思いを押し殺してしまう。時には監護親に同調して非監護親の悪口を言う子もいる。そうしたことで監護親のほうは、子どもも自分と同じ気持だと誤解するが、子どものほうは、悪口を言ってしまったことで非監護親に対して罪悪感を持ってしまう。また、「別居親に会いたい」と思うことは監護親に対する裏切りだと感じ、罪悪感を抱くことになる。忠誠葛藤を起こした子どもは、抑うつ的になり、学校生活に身が入らなかったり、鬱積した思いを他者や動物をいじめることで発散させることもある。

また、子どもは、「親の離婚は自分のせいではないか」と強い罪悪感を抱くことがある。就学前の子どものなかには、「自分が良い子ならば親が仲直りするのではないか」と和合ファンタジーを抱いて、報われない努力をする子もいる。

子どものなかには、親が諍いを起こさないように親の顔色をうかがったり、過度に気遣いをしたりすることがある。監護親は気づかないが、過剰適応をして相当な無理がかかっていることが多い。父母の離婚は、子どもにとって大きな心理社会的ストレスであり、年齢相応の心的バランスを失わせ、年齢に見合った発達を阻害してしまう危険がある。

離婚に至る過程と子どもの心理

子どもは、父母が離婚に至る過程でどのような心理的ストレスを受けるだろうか。子どもに対する心理的な影響を考えるうえで、離婚に至る過程を次の四段階に分け、各段階ごとに父母の状況と子どもの心理を検討する。

第一段階――夫婦の一方が夫婦関係について不満や不安を感じ、離婚を考える段階。
第二段階――夫婦の一方が離婚を決意し、離婚意思を表明する段階。
第三段階――離婚協議の段階。
第四段階――離婚の諸条件の合意と、法的手続の成立段階。

第一段階

夫婦の一方が自分たちの夫婦関係に漠然と不満や不安を感じはじめ、それが積み重なって離婚を考え決意に至るまでの段階である。

帰りが遅くなったり休日にも出勤と称して外出が多くなった夫に、女性の存在を疑いはじめた妻を想像するとわかるが、疑いが確信に満ちてくると、離婚の危険をはらむようになる。不倫ではなくとも、いろいろなきっかけで相手に漠然とした不満や不安を感じ、こちらからサインを出しても配偶者が受け止めてくれないと、相手の鈍感さにいらだち、それが重なると相手のすべてが否定的に見えてくる。一方の配偶者は、もう一方の配偶者の不満や不安を気づかないこともままあるが、不満を感じているほうの配偶者のなかでは次第に抜き差しならぬものになっていく。

離婚を思い留まる抑制的な要因としては、子どもへの悪影響、結婚生活そのものへの未練などさまざまなものがあるが、それが現在の生活に対する耐え難さを上回ったときに、離婚の決意が固まり、友人に相談したり、現実的な生活の見通しを立てるために区役所などを訪れる。

不満や不安を持った親のほうは、自分自身の感情や配偶者の言動にばかり気がとられ、子どもへの関心が手薄になったり、逆に、自分の孤独感をまぎらわすために必要以上に子どもとベタベタすることがある。また、子どもに何気なく配偶者への批判的な言動を示したり、不満を子どもに転嫁して子どもに当たったりしてしまうことがある。離婚をすることについて、子どもの支持を得たいと思い必要以上に子どもに同調したり、子どもにも配偶者に対して敵意を向けさせようとしたりし始める。この段階で子どもに離婚の意思を伝えてしまう親もいるが、多くは「子どもの心情を乱すのではないか」と心配して、伝えたい気持とそれを抑える気持とのあいだで葛藤状態になっている。

敏感な子どもは、一方の親の変化を感じ取り、漠然とした不安にかられて、学校で忘れ物をするなどの行動に出るようになる。さらに進んで現実に一方の親が離婚を考えているということに気づきはじめると、

「家族がバラバラになってしまう」という恐怖心や不安に襲われはじめる。子どもの前で諍いをする家族の場合などでは、父母がけんかを始めないように常に気遣い、親の顔色や雰囲気を敏感に察知するようになり、過度の気遣いをしたりする。

第二段階

離婚を決意し、配偶者や家族・親族などに対して離婚意思を表明する段階である。

離婚意思が表明されると、夫婦、親子、妻または夫とその実家との関係は、これまでそれなりに保ってきた均衡を失い、大きく揺れ動く。

離婚意思を表明された相手のほうは、全く予期していなかった場合、薄々感じていた場合、相手も離婚を考えていたのだが表明したほうが離婚を考えていたことに気づいていなかった場合がある。お互いに離婚を考えていたが気づいていなかったというのは、双方に対する関心を失っていたということにほかならず、比較的すんなりと協議離婚になることが予想される。全く予期していなかった場合には、当然のことながら、その後の離婚協議が難航する。調停の当事者にもこのパターンが多く散見されるが、驚きとともに、相手に裏切られた怒り、屈辱感、捨てられる自分の惨めさ、自信喪失などさまざまな感情が押し寄せてきて情緒的に混乱してしまい、合理的な話し合いができなくなってしまうこともある。離婚という事態に向き合えず、話し合いそのものに抵抗することもある。とくに自己愛の深い傷つきがあると立ち直るのが難しく、離婚ができたとしても、その後さまざまなかたちで尾を引くことがある。

離婚を表明されたもう一方の配偶者が離婚請求を拒否する理由には、①離婚の生活の見通しが立たないという現実的なもの、②意地、③未練などがある。これらが入り交じって拒否となることが多いが、「子どものために」「子どもを悲しませたくない」などと、子どもへ悪影響を挙げて正当化することがある。そこには、離婚を要求する相手への意地などの感情があり、その感情を理解しないかぎり夫婦の協議は進まない。

この時期には、夫婦の一方が家を出てもう一方が家に留まっていたり、実家に戻るなどのかたちで別居していることも多く、これまでの生活形態が大きく変動する。子どもが小さいと、子育てのこともあって実家との関係が強くなることが多い。これまで双方がもっていた相手の実家に対する感情も入り交じって紛争を複雑にすることもある。第二段階の夫婦は、自分たち夫婦のことで頭が一杯になり、子どもに対する身の回りの世話や、子どものこころに配慮した接し方ができなくなりやすい。また、自分の望みと子ども望みを混同しがちになる。

この時期になると、ほとんどの子どもが父母の紛争に巻き込まれている。子どもは、親から離婚の決意を告げられても、(その子の年齢や発達の度合いにもよるが)充分に理解できるとはかぎらない。これまでも夫婦のけんかと仲直りを経験している子どもは、「いままで何とかおさまったから、いずれ仲直りするだろう」と和合願望を抱いたり、「離婚することなどあり得ない」などと現実を否認しがちである。しかし、それまでの過程のなかで親の離婚の不安を感じていた子どもには、家族の崩壊が現実のものとして迫り、かれらは恐怖心に襲われうろたえる。「親の離婚が自分のせいだ」と自責の念にとらわれて抑うつ的になることもある。父母の一方の不貞が離婚原因の場合などは、原因をつくりだした親に対して激しい怒りの感情を向けたり、もう一方の親と被害者としての連合関係を形成することもある。しかし、敵意を抱いたとしても両方とも親であることには変わらないので、子どもにとっては、意識するしないにかかわらず心理的な負担になることは間違いない。

この時期、和合願望を抱く子が、空想に終わらせず実際に行動することもある。夫婦の緊張感を和らげようと夫婦のあいだあいだを行き来して仲をとりもとうとする。また、子どもがそれぞれの親と交互に連合を結び、あたかもスパイのように相手のメッセージを伝える役目を負って辛い思いをしていたり、誤った伝え方をして関係を悪化させたりしていることもある。なかには、非行や身体症状で親の関心を離婚から背けさせ、自分に引きつけようとすることもある。

第三段階
離婚協議の段階である。

予期せぬ離婚意思を表明された側も、急激な混乱の時期が過ぎて感情が落ち着くと、表明された離婚意思に対してどう対処するか、当面これからの生活をどうしていくか、自分たち家族はどうなっていくかなど、将来に目を向けようとしていく。なかには情緒的な混乱が収拾できずに、それをきっかけに病気になることもある。

父母のなかには、この段階で子どもに「離婚した場合にどちらの親と暮らしたいか」ということを聞くことがある。その子の年齢によっては意思を尊重すべきであるが、聞き方には充分な配慮が必要で、子どもの監護に関しては父母双方が責任をもって決める姿勢を示すことが不可欠である。

この段階になると子どもは、父母の離婚が自分ではどうしようもないものであると感じて、無力感や脱力感に襲われる。対象喪失を体験することになるが、監護親のほうでは、子の「喪の作業（モーニングワーク）」

につきあえるほどの余裕がない。子どもは、解決すべき問題を先送りにしてしまいがちである。一見、子どもが適応しているようでも、適応のための大変な努力をしていることが多い。監護親はそれに気づかないことがあるが、子どもの肩にかかっている重荷の大きさに気をとめて、それを一緒に担えるような働きかけをすることが重要である。

この時期の父母は子どもへの適切な対応ができないので、かれらには、離婚後の子どもとの関係の持ち方、子どもへの離婚の伝え方などについて、親ガイダンス、離婚後の親子の離別と関係維持に備えるための面接交渉の試行など、親機能への援助が必要となる。

第四段階

離婚の成立段階である。

離婚後の生活方針が確立し、親権者、夫婦の財産関係の清算などについて合意が得られ、法的な手続が完了すると、離婚が成立する。

元夫婦である父母が離婚後どのような関係を築くかは、子どもの成長にとってきわめて重要である。元夫婦は、子どもと監護親との世帯と、ひとり親の世帯とに分離**するが、子どもの親としての協力関係が維持できるのであれば、親も子も離婚後の生活への適応はより早くなる。

しかし、一時的な感情で離婚を決めたり、子どものことや離婚後の生活について充分に考えないまま離婚した夫婦の場合には、夫婦間の争いが、元夫婦間をつなぐ存在である子どもをめぐる紛争となって再燃することが少なくない。

この時期の子どもは、父母の離婚を現実的なものとして受け止め、新しい生活に踏み出さなければならないが、父母の離婚後も新たな忠誠葛藤や現実的な対象喪失に悩まされる。子どもは「父母の離婚は自分のせいではないか」という罪悪感をなかなか払拭できない。双方の親が子どもの心理状態にこころをめぐらせ、子どもの気持を理解し、離婚後にも子どもが非監護親との良い関係をもちつづけられるよう適切な対応をしていれば、父母の離婚によって受ける子どもの心理的ストレスも軽減する。離婚による心理的ストレスをもちつづけた子どもは、その後もさまざまなかちでその影響が顕在化するし、その後の人生において、特に異性との関係の持ち方に否定的に影響してしまうことがある。

離婚後の家族と子ども

家裁には、離婚後の元夫婦間における子をめぐる紛争が、親権者変更、子の引渡し、面接交渉、養育費請求などといったかたちで係属する。

離婚によって二つに分かれた家族は、それぞれに離婚という現実を受け止め、新しい生活様式を確立し、離婚後の新たな親子関係をつくっていかなければならない。子どもと離れた非監護親は、子どもに対して面接交渉や養育費の支払いということで親機能を果たすことになるが、元の配偶者との別離に問題を残していると、面接交渉時に、子どもと楽しい時間を過ごすことよりも、なにか干渉する口実はないかと監護親の様子を聞き出すことにやっきになる。一方、監護親の方は非監護親の干渉を嫌って、理由をつけては面接交渉を避けようとしたり、実際に再婚予定のパートナーが見つかったりすると、面接交渉を拒みがちになる。監護親が非監護親に対して離婚後も否定的な感情を抱きつづけていると、子どもは面接交渉で非監護親と会うたびに、監護親に対して罪悪感を抱くようになり、自分のほうから「会いたくない」と言うことがある。監護親が実際に面接交渉を拒否すると、面接交渉をめぐって紛争になるし、非監護親のほうでは養育費の不払いで対抗したり、監護親の監護のありかたが問題だとして親権者変更の申立てをするなど、面接交渉から発展して子をめぐる激しい紛争になることもある。

とくに非監護親が母親である場合には、もともと子と別れたことに対して「子を棄てた」との罪悪感をもち、「寂しい思いをしているのではないか」「不自由な生活を強いられているのではないか」という思いを抱きやすい。そして、離婚後の経済的な見通しがつくと、自分が育てるほうがよいとして家裁に親権者変更と子の引渡しを求め、「ようやく父子家庭としての生活が安定したのに乱してほしくない」と言う父親とのあいだで、子をめぐって紛争になりがちである。

比較的年長の子どものなかには、監護親への配慮や喪失感の埋め合わせのために、監護親の配偶者のように振舞ったり、他のきょうだいに対して父親役割や母親役割をするようなことがある。「過熟現象」といわれる年齢不相応の早熟であり、本来の成熟とは違い無理があるので、どこかで破綻を来してしまうことが多い。また、監護親に異性関係ができると強く反発し、監護親とその異性との仲を裂こうとしたり、非監護親に連絡をとったりするようになることがある。非監護親はそれに乗って子どもを引き取ろうとして、新たな紛争を引き起こすことになる。

思春期の子どものなかには、自力で非監護親のところに行ったりする者もいるが、非監護親のほうに新たな異性がいたりすると、そこでも子どもは居所を失い、非行に走ったりすることもある。子どもがそうしたことにエネルギーを費やすと、年齢相応の発達が阻害されてしまうし、非行というかたちで行動化すると、子ども自身も意図しないうちに、（交友関係など周囲の状況によっては）行動がエスカレートしてしまうこともある。監護親のなかには、これまでしっかり者だった子が突然非行に走ったことに困惑して、どうしてよいかわからずうろたえ、適切な対処ができず、子どもとのあいだで悪循環に陥ってしまうこともある。

離婚により夫婦関係は解消するが、子どもとそれぞれの親との関係は切れず、子どもはそれぞれの親と新たな関係を形成していかなければならない。父母が離婚後、離婚による子どもの心理的ストレスを理解し、親どうしとして新たな関係を築いていかないと、子の健全な発達を阻害することになるのである。

離婚後の面接交渉について

離婚後、子どもが監護親のもとで安定した生活を送りながら非監護親の愛情を確認できることは、子どもの健全な発達にとって望ましいことである。子どもが非監護親の愛情を確認する方法としては、養育費を送ってもらう、誕生日にプレゼントを送ってもらうなどの間接的な方法や、定期的に会って食事をするなどの直接的な方法がある。非監護親のほうでも子どもの様子を直に知りたいし、離れて生活していても「何らかのかたちで子の成長にかかわっていきたい」という要望が強くなるので、離婚調停の際に面接交渉の条項を入れることが一般的になりつつある。しかし、子に対して忠誠葛藤による心理的負担をできるだけかけずに円滑な面接交渉を維持していくためには、父母双方ともに、相手を尊重し相手の生活に干渉しないことなど、相当の努力が必要である。

財団法人家庭問題情報センター（FPIC）は、家裁調査官のOBが中心となって組織し、離婚裁判における親権者の適格性をめぐる民事鑑定や夫婦のセミナーなどさまざまな家庭問題に援助している機関であるが、業務の一つとして、面接交渉の援助機関として別居親と子との面接交渉をめぐるさまざまな援助をしている。同センターが面接交渉に関する調査をした結果がある***。

この調査は、面接交渉が第三者の介在あるいは援助を受けずに実施されている一三事例と、第三者（FPIC）の介在あるいは援助を受けることなしには実施できない（あるいは援助を受けても実施が困難な）一〇事例について調査し考察したものである。家裁では円滑に実施している事例に接することは稀であるため、この調査は、事例数こそ少ないが貴重なものである。

調査によると、円滑実施事例群では「離婚は現在の自分を作るために役に立った成長のプロセスとして受け入れられている。自らの非に気づくことによって相手にも許しの気持を抱き、子の養育の協力者として対等に付き合える喜びも味わっている」のに対して、援助事例群では「父母の多くは、自分のことには目が向かず、相手におびえ、『軽視されまい』『コントロールされまい』とパワー争いをして、結果的には相手に振り回されている」と指摘されている。円滑な実施ができない離婚後の元夫婦は、互いに被害者だと思っていることが多く、攻撃に対する最大の防御は攻撃だとして、相手を攻撃してしまい、真っ向対決になりやすいと分析されているが、家裁での紛争を見ているとそのとおりである。

また円滑実施事例は、離婚に至る過程の早い段階でサポート資源にアクセスし、その助言を受けて適切な解決に到達しており、孤立しないことの大切さとサポート資源の必要性も示している。家裁でも調停期日や調査の際に、父母に対して、離婚によって子どもが受ける影響や子どもの心理状況（とくに忠誠葛藤）について考えてもらったり、離婚後の円滑な面接交渉実施に向けての働きかけを試みている****が、今後、そうした援助はますます必要となろう。

おわりに

離婚紛争の渦中にあって子どもの親権について対立している夫婦は、なかなか理性的な話し合いができずに家裁の調停でも早い段階で行き詰まってしまい、『子どもの意向を聞いてほしい』『子どもの意向に従う』と言ってくることがある。夫婦は子どもの感情や子どもがどういう状況にいるのかということには思い至らず、双方ともに自分の思惑どおりの結果を期待する。それぞれが自分の思惑で子どもに働きかけ、自分に都合のよいことを調査官に対して言わせようとする。その結果、子どもが父母の板挟みになり、子どもをよりいっそう辛い状況に追い込むこともある。子どもの調査を実施するに際しては、調査を行うことが子どもの福祉を損なうことにならないよう、父母に働きかけている。父母双方の親としての立場を尊重する姿勢を示しながら、父母に対して子どもが置かれている状況を想像してもらい、忠誠葛藤を理解してもらうよう努めている。

なかにはすでに相当辛い状況に置かれている子どももいるが、父母の紛争を知っている中立的な立場に立った大人が子どもに接することは、子どもにとって救いになることがある。子どもと接するに際しては、できる限り子どもの置かれている状況や子ども自身に思いをめぐらせ、子どもの抱えている重荷を子ども自身のせいではないことを伝え、重荷を一緒に担う気持で子どもに接する姿勢を保つことが重要だと考えている。

そして、子どもが父母の離婚の意味を子どもなりに理解し乗り越える一つの契機になるようにと願いつつ、一人一人の子どもと会っている。

＊　平成十六年四月より施行された人事訴訟法では、和解による離婚、請求の認諾による離婚も認められた。

＊＊　夫婦によっては、複数の子どもをそれぞれに分けて養育することもあるが、数としては少ない。きょうだいは、父母の離婚という体験を共有し、また、情緒的発達を促す重要な役割があるので、家裁で親権者を決める際には、子どもの年齢やそれぞれの意思にもよるが、できるだけきょうだいを分離しないように助言している。

＊＊＊『新しい関係を築くためのヒント――離婚後の面接での事例を中心として』（財）女性のためのアジア平和国民基金（アジア女性基金）二〇〇四年三月発行

＊＊＊＊　大阪家裁では「父母教育プログラム」というガイダンスビデオを制作し、当事者へのガイダンスを実施している（「面接交渉等に関する父母教育プログラムの試み」大阪家庭裁判所『家庭裁判月報』第五十五巻第四号）。

第二章

緊張と歪みからの回復

——〈暴力〉のメカニズムと克服の道

伊藤直文

多くの人は平素、自分の家族の生活が無事に営まれているときは、それは空気のようにあって自明のものとして、あえて意識しないかもしれない。だが一度、家族の生活に歪みが生じたり、それが失われたりすると、それが人間の存在にとって、いかに大切なものであるかについて、しかと気づくのである。

伊藤氏は長く家庭裁判所調査官の職にあり、多くの非行少年や家事事件調査を担当する過程で、家族の意味を強く実感され、現職に転じてからは、個別の家族の特質に応じて、かかわり方に創意工夫をこらしつつ、家族生活の修復の方法について、実践研究に勤しんでこられた。本章はその一端が紹介されたものである。

家族のなかに生じるさまざまな問題、家族間の暴力すらも、それを単に崩壊への動きとしてではなく、家族の、あるいは家族成員の再生への契機と基本的に捉える視点と解決に向かっての実践は、まことに示唆深い。危機とは新たなよき展開へと舵を切りなおす契機であり得ることが示されている。

家族は、多くの時間と空間を分かち合い、価値と感情を共有しながら、誰との間よりも深く交流することのできる人間関係のはずである。そのなかで生じる暴力は、家族内の人間関係の深刻な歪みの反映と見られることも少なくないが、他方で、それ自体が家族と家族員に大きな緊張と人間関係の歪みを生み出す。本来親密でこころの拠り所であることが期待される場に生ずる暴力は、関係者の人生に深い挫折と傷つきをもたらすだろう。

はじめに

わが国でも最近になって、家族やそれに準ずる親しい関係のなかに生起する暴力が注目を集めるようになってきた。もちろん、一時代前にこうした暴力がなかったわけではないが、現代における子育ての困難さ、夫婦関係・親子関係の問い直し、性役割構造の変化、また家族そのものの機能低下による問題の外在化などを背景事情として、これらの現象があからさまになり、問題視されるようになってきたものと見るべきだろう。平成十二年五月二十四日には「ストーカー行為等の規制に関する法律」、同年十一月には「児童虐待の防止等に関する法律（通称・児童虐待防止法）」、平成十三年十月には「配偶者からの暴力の防止および被害者の保護に関する法律（通称・ＤＶ防止法）」が施行されるに至り、文字どおりこれらの問題は公的な認知を受けることになったのである。

ここでは、配偶者などのあいだの暴力（いわゆるＤＶ）と子どもによる家族への暴力（いわゆる家庭内暴力）を対比的に論じながら、家族のなかの暴力を考察し、改善に向かう道筋を探りたいと思う。

なお、わが国では、従来子どもによる主として親への暴力を「家庭内暴力」と称してきた経緯があり、家庭内の暴力現象を総称する言葉が存在しない。他方で、わが国で、主に夫婦間の暴力を指すことの多いＤＶは欧米では家庭内に起きる暴力総体を指すという事情がある。そこで、ここでは家庭内の暴力全体を指す場合には、仮に「家族間暴力」と呼び、子どもによる親への暴力のみを指すときには「子どもの家庭内暴力」あるいは「家庭内暴力」と称し、配偶者間暴力は、通例に従ってＤＶと記すことにする。

家族間暴力には、近年の大きな精神保健的問題である児童虐待やこれも最近注目されつつある介護者による高齢者虐待なども含まれるが、それぞれに複雑で異質な要因が関与しているためここでは直接に触れないことにする。ただし、次節の統計的概観では、暴力現象の全体的展望を得るために、児童虐待や家族外の暴力現象にも若干触れることにする。

家族間暴力の現状――統計資料からの概観

ドメスティック・ヴァイオレンスの現状

内閣府男女共同参画局発表による「配偶者暴力相談センター」（婦人相談所、女性センター、児童相談所など都道府県が法に定めるセンター機能を付与した機関）への相談件数統計によると、平成十五年度の相談件数は四三二二五件であり、平成十四年度の三五九四三件に比較して二〇・三%増加している。その九九・六%までが女性からの相談、八五・五%が婚姻届けの出されたカップルのあいだの相談であった。これとは別に警察庁統計では、十五年度の配偶者からの暴力事案に対する警察対応総数は一二五六八件で、DV防止法による実質上の対応一年目である平成十四年度の一四一四〇件に比較して減少している。しかし「裁判所からの書面提出要求件数」と「裁判所からの保護命令の通知件数」は大幅に増加しており(前者二二・一%増、後者二七・五%増)、上記相談センターへの相談件数が増加していることと併せ、法施行二年目となって警察の役割が定まってきたためと見られる。警察統計でも、被害者の九八・九%が女性、婚姻関係にあるものが八二・〇%と、当事者の属性には、上記相談センターのものと大きな差は見られない。

いずれにせよ、こうした配偶者暴力相談センターや警察署に持ち込まれるケースは、配偶者間暴力のごく一部であることは間違いない。もちろん、持ち込むほど深刻でないからということもあるかもしれないが、深刻でありながら表に出ないケースも決して少なくないと考えられる。平成十五年四月に公表された内閣府男女共同参画局による「配偶者等からの暴力に関する調査」は、全国の二十歳以上の男女四五〇〇人を無作為に抽出して回答を求めたものであるが(有効回答三、三二二人)、過去・現在を通じてパートナーの存在した男性一四〇九人、女性一七一四人のなかで、「殴ったり、蹴ったり、物を投げたり、突き飛ばしたりの身体に対する暴力」を配偶者などから受けたことのある比率は、「何度もある」が、男性一・〇%、女性四・八%、「一~二度ある」が、男性七・一%、女性一〇・七%にも上る。さらに、暴力を受けた経験のある男女(男性一三二人、女性三二八人)のなかで、「命の危険を感じた経験」のある者は、男性七・六%、女性二一・九%であり、男性の六・一%、女性の一四・四%が、治療が必要な怪我を負っている。しかし、男性の六八・七%、女性の四二・一%、全体で四九・七%は、誰(どこ)にも相談はしておらず、相談した人でも二五%強が友人・知人に、同じく二五%強が家族・親族に相談しただけに留まり、警察は二・二%、医師が一・一%、婦人相談所など、弁護士会などの民間窓口、役場の相談窓口などは、いずれも〇・二~〇・四%程度に過ぎなかった。これらの数字から見ても、暴力の無いパートナー関係が八~九割を占めている反面で、表に表れない暴力が相当数存在することが推定される。

同じ調査で、暴力があった場合、その二三%あまりで「子どもが目撃」しており、一九%近くが「子どもへの暴力もあった」と回答している点は、児童虐待との関連で注目される。

子どもによる家庭内暴力の現状

子どもによる家庭内暴力は、さらに実態把握が難しい。医療機関・各種相談機関などにも多数の事例があると考えられるが、それらを総体的に把握する統計は存在しない。唯一の全国統計である「警察の認知した家庭内暴力事犯少年数」(警察庁)を提示しておく【図1】。ここでも、最近になって数的に増加する傾向は見られ、平成十二年に一、三八六件に達したが、その後は横這いからやや減少し、平成十五年には一、一五四件の認知件数となっている。

警察が認知する暴力は相対的に深刻なものが多いとは思われるが、不登校児童・生徒のなかに相当数の家庭内暴力が見られることは臨床家の誰もが知っていることである。データは古いが、名古屋大学医学部附属病院精神科外来を受診した登校拒否児を調べた本城(一九八七年)による五・七%ないし一六・二%の暴力発現率、岐阜大学医学部附属病院神経精神科外来について調査した曽根ら(一九九一年)による八・六%の出現率な

図１　家庭内暴力事犯少年の推移（警察庁生活安全局資料による）

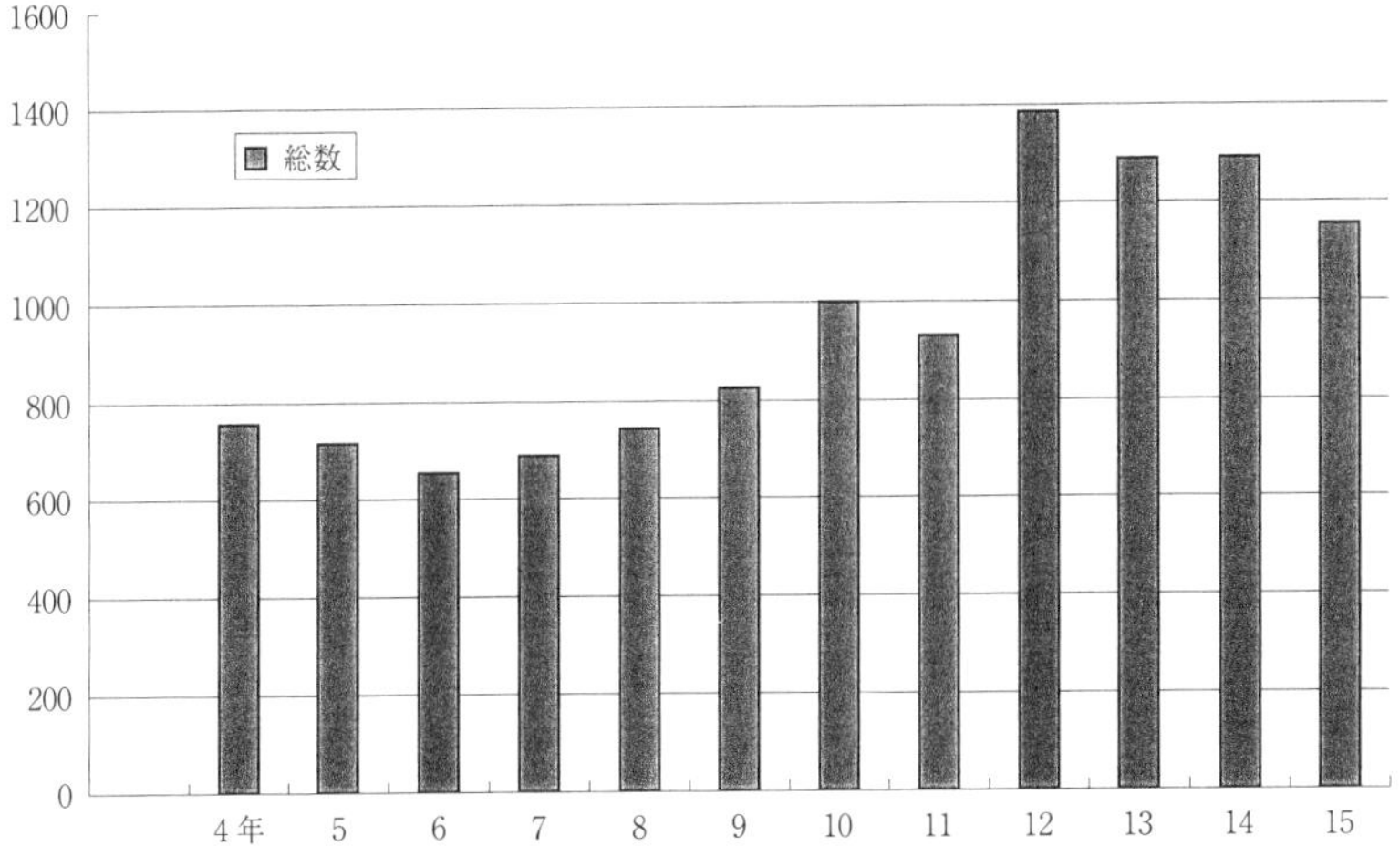

どを参考にすると、病院精神科を訪れる不登校生徒の一割前後に暴力があると見られる。病院受診例という特殊性をひとまず度外視して、仮に不登校生徒の一割に暴力があると考えるなら、ここ数年の中学生不登校者数十万人あまり（平成十四年度一〇二、一二六人）から推計して、中学生だけで一万人前後の家庭内暴力少年がいることになる。さらに年長青年も併せれば、その数は相当大きいものになり、警察庁統計がごく一部を把握しているに過ぎないことが明らかである。

　警察統計に戻ると、平成十五年度において、暴力の対象は、母親が五一・六％と圧倒的に多く、家財道具などに対するもの一五・五％を除いたものが、父・兄弟などへの暴力である。少年の学職別では、中学生が四割弱、高校生が三割弱、無職者が二割強を占めている。

児童虐待の現状

　児童虐待に関しては、法制化以前から児童相談所の統計がある。平成二年以降の虐待相談件数の年次推移を示すが【図２】、この問題がメディアを通じて社会問題となり、やがて法制化さ

図２　児童相談所における虐待相談受理件数の年度別推移

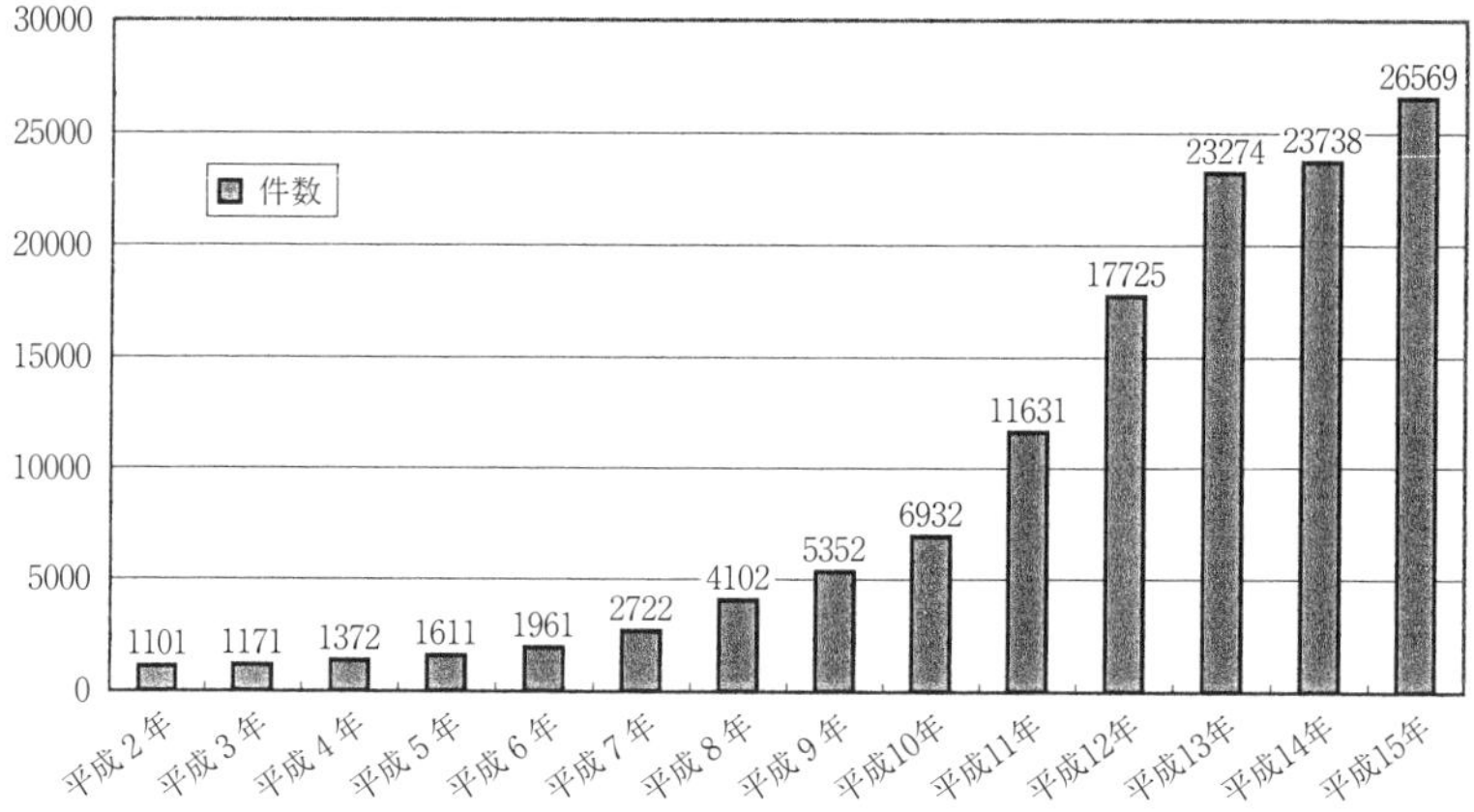

れる経過に沿って、爆発的といってよいほどの増加を示していることがわかる。周知のようにこの虐待相談件数のなかには、本章で問題にしている身体的暴力のみならず、性的虐待、ネグレクト、心理的虐待等も含まれており、平成十五年統計では、全虐待相談件数二六五六九件の四五・二％、一二〇二二件が身体的暴力の相談であった。

　児童虐待もＤＶや家庭内暴力と同じく非常に暗数の多い現象であることは、容易に想像できる。近年の児童相談所受理件数の爆発的な増加も、社会的認知の増大に伴い、医療機関などそれまで事実上虐待を扱っていた機関のみならず、保育園・学校といった社会内の幅広い関係機関からの通報が増えるなど、これまで隠れていた事例が児童相談の対象として表面化してきたためと考えられ、虐待の数そのものが増えたとはいいきれないところがある。しかも、親による暴力のどこからが虐待でどこまでならそうでないのかの線引きは難しく、表に出ない虐待がどれくらいあるのかはわからない。ただ一例として、先に挙げた「配偶者等からの暴力に関する調査」では、調査対象者に「十八歳になるまでの家庭における暴力の経験」を尋ねているが、「親から殴る、蹴るなどの身体的暴行を受けた」とい

図３　凶悪・粗暴事件検挙人員（昭和31年〜平成15年）（犯罪白書から作成）

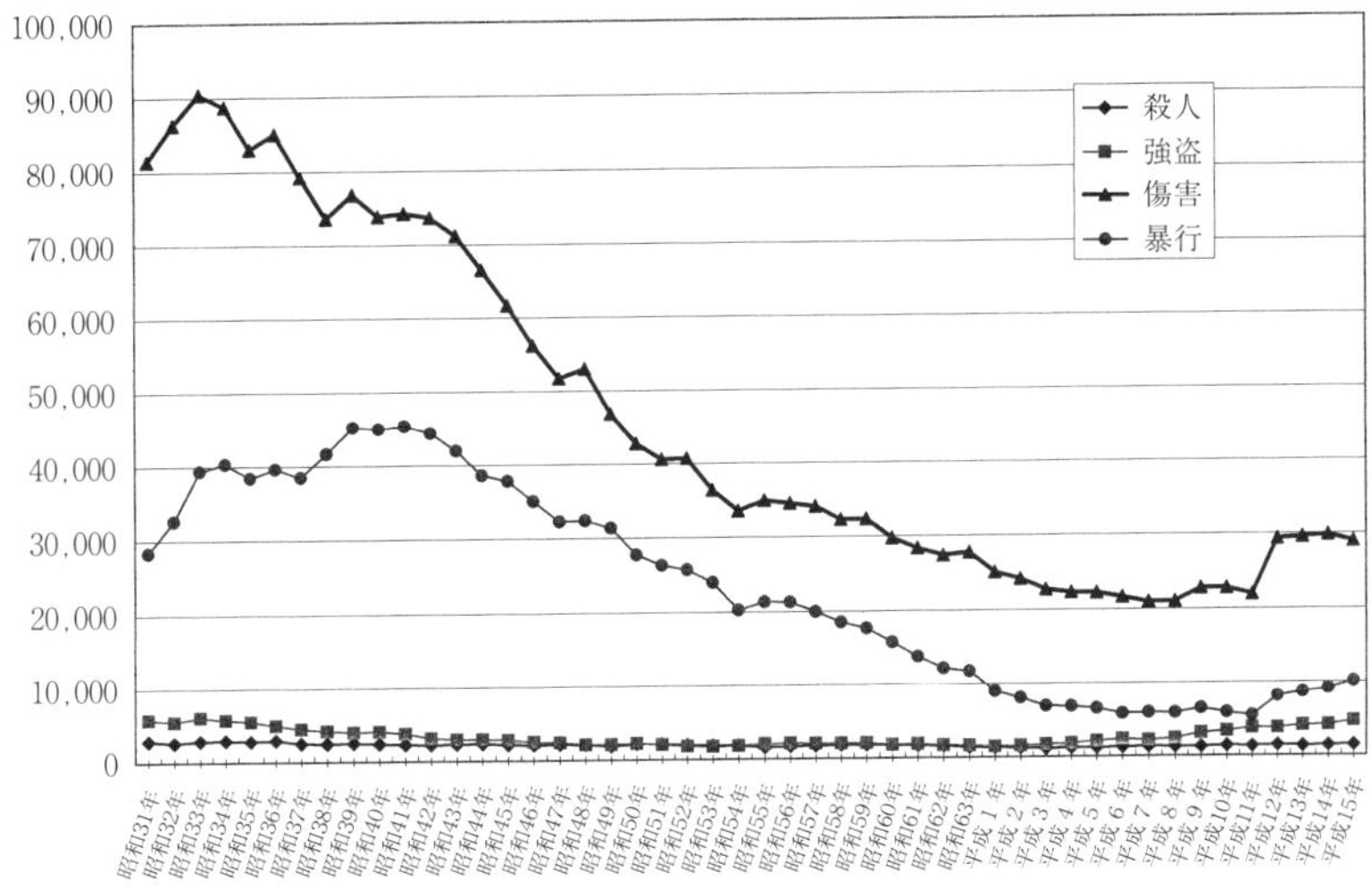

う項目に、「当てはまる」「どちらかというと当てはまる」と答えた比率が、男性で一三・一％、女性で九・三％にも上り、虐待に相当するか否かは別として、子どもへの暴力が相当の割合で存在するということがわかる。

暴力的現象の全体像

これまで見てきたように、家庭内における暴力現象は、社会的意識の急激な高まりによる認知数の増加という側面があるにせよ、この十年あまり一貫した増加傾向が見られる。では、社会全体としての暴力的傾向が増していると言えるのだろうか。

他者への直接的暴力として、殺人・強盗・傷害・暴行事件の検挙件数の推移を犯罪統計から作成したグラフ【図３】で見ると、殺人・強盗などは昭和四十五年頃から平成初めにかけての比較的少ない期間を過ぎてやや増加気味とはいえ、それほど大きなものではない。暴行・傷害は短期的に見れば平成十年を過ぎて増加傾向が著しいが、それも昭和五十年代以前の数とは比較にならない。こう見ると、少なくとも社会のなかで他者に向けて振るわれる暴力は、最近特に多くなったとはいえないだろう。

他方で、影山〔二〇〇〇年〕が指摘するように、女性の暴行者率が全体として減少傾向にあるなかで、十代女性の暴行者率のみ昭和四十年代の終わりから平成の初めにかけて極端な増加を示していることは特筆すべきである。同じく傷害についても、増加は五十年代後半からと遅れるが、十代女性の傷害の極端な増加は現在まで続いている。昭和四十年代終わりから二十年間ほど際立った暴力傾向を示した十代の女性が、現在、二十代・三十代となって新しい家族を作りつつある。これが本論の主題である家族内の暴力にどう関わっているかは非常に興味深いところである。

もうひとつ、自分に向かう攻撃の反映として、自殺統計をとりあげておく。自殺総数は、昭和三十年代と昭和の終わりから平成初めに目立ったピークがあるが、平成十年以降のピークは、かつてないほど大きい。直近のピークをかたちづくっているのは、五十歳から六十歳の男性の極端な増加によるものである。中高年男性の自殺は社会経済的影響を顕著に受けるが、近年激増しているように見える虐待やＤＶはどうなのであろうか。

ともあれ、近年の家族間暴力の増加は（実増なのか否かはひとまずおくとして）、社会内の他人への暴力傾向とは一致せず、どちらかというと自殺数と一致する傾向にある。過度の単純化を怖れずにいえば、広く社会全体を見渡すと、暴力発現の位置が、現在では、個人とその周辺の領域にあるといえるかもしれない。

家族間暴力の実像と諸特徴

ＤＶ、子どもの家庭内暴力のいずれも、個別の具体事例には非常に多様性があり、これこそが典型例といえる例を挙げるのは難しい。ここではそれぞれについて一例を提示したうえで、比較的多く見られる特徴と当事者の心理を整理しておきたい（各事例は、守秘のため複数の例を合成したものであることをお断りしておく）。特徴・心理においては、暴力加害者の精神病理も臨床的に重要な点だが、「家族と暴力」の関わりを考察する本章の主旨からして、それらに触れるのは最小限に留め、むしろ暴力にまつわる当事者のこころの動きや家族の変容に焦点を当てて記述したいと思う。また、暴力のある家族がかたちづくる家族風土や加害者と被害者の陥る独特の人間関係のあり方には、ＤＶ、家庭内暴力に共通するところが大きいので、後節に併せて整理することにする。

ＤＶの実像と諸特徴

三十五歳の主婦Ａ子さんは、離婚を求めて調停を申し立てた。

三歳上の夫と結婚して九年が経ち、二人のあいだには六歳と四歳の子どもがいる。夫は有名私立大学を卒業、大手証券会社に勤めている。Ａ子さんは女子大卒だが、運動系サークル活動を通じて学生時代に夫と知り合い、卒業後夫が会社派遣の留学から帰るのを待って結婚した。夫はサークル内でも社交的で細やかな気遣いをしてくれるところがあって、良い人だと思った。交際を始めて、自分の思いどおりにしないと気の済まないところや友人を無能呼ばわりするところがあったのは気になったが、実際、有能な人だし、頼りがいのある男性だと思って、結婚した。

結婚当初はA子さんも仕事をしていたが、休日になると夫の母が訪ねてくるのが苦痛だった。徐々にわかってきたのは、夫の父は非常に気むずかしい暴君で、義母は息詰まる毎日を送っているらしいこと、義母が優秀な長男である夫を溺愛していることだった。義母が来ては夫の世話を焼くのが、A子さんには自分への当てつけのように感じたが、A子さんもなるべく義母と同じように夫の身の回りの世話をするように努めた。

A子さんの妊娠と前後して、夫の関西転勤が決まり、A子さんは退職。転居後、長男が生まれてから、夫は徐々にA子さんに苛立ちを見せ、家事に注文をつけるようになった。長男が八ヵ月のときに、育児に疲れたA子さんが家事の手助けを頼むと夫は『俺は仕事をしている。家事はお前の仕事だ』と怒りだし、A子さんを突き飛ばした。その後は、夫がパソコンで家計管理を始め、一週間毎にA子さんに家計報告を出させるなど、細かく注文を出すようになった。A子さんは必死に従っていたが、夫は気に入らないことがあるとA子さんを無能呼ばわりし、抗弁すると手を出すようになった。夫は大柄で非常に体力があり、睡眠時間も少なく、A子さんが疲れて寝ていても朝五時前には起きて活動開始し、あとから起きるA子さんに嫌みを言った。

そんななかでも次男が出生し、A子さんは子育てに忙殺されたのと、徐々に「夫を怒らせるのは自分が至らないからだ」と思うようになって来たので、とにかく夫を怒らせないことを考えて毎日を過ごしていた。

一年ほど前、社宅のテニス同好会に参加するように夫から言われて行くと、同僚の奥さんたちににこやかにテニスの手ほどきをする夫の姿があった。A子さんも加わり、久しぶりに楽しく過ごしたが、帰宅後、夫は『なぜ出しゃばって入ってきた』とA子さんを責め、服装、口の利き方など、あれこれ文句を言った。堪らなくなったA子さんが、『よその奥さんばかりにいい顔をして』と口走ったところ、いきなり殴る蹴るの暴力を振るわれた。

夫に疑問を持ちはじめていたA子さんは、翌日に子ども二人と実家に帰り、初めて父母に夫のことを相談した。

翌週末、夫がやって来て、A子さんや父母に『いまは自分にとって一番大切なときなので、戻って欲しい。暴力は決して振るわない』と頭を下げた。A子さんは、プライドの高い夫が頭を下げたことに驚き、子どものことも考えて戻ろうと決め、父母もそれを勧めた。

しかし、帰宅後しばらくすると、夫は暴力は振るわないものの、A子さんの家事・育児などに落ち度を見つけては「実家に戻って、すっかりダレてしまった」「お前の親は子どもの教育ができない。だからうだつがあがらない」など、事あるごとにA子さんの実家の悪口を言うようになった。二ヵ月ほど前に堪らなくなったA子さんが爆発すると、夫にひどく殴られた。さらに、体調を崩して寝ているときに性関係を強要してきたこともあり、A子さんは離婚の決意を固め、再び子を連れて実家に戻り、離婚調停の申し立てをした。

調停・調査のなかで、夫は自分を正当化し、A子さんの至らなさを強調したが、A子さんの意思が極めて堅いことを知ると、最終的には離婚に同意。A子さんの求めた慰謝料にはどうしても応じなかったが、名目を変えて「解決金（子どもの新生活への準備金）」を支払うことに同意した。担当者には、夫が最後まで子どもに対する気持を表さなかったことが印象的だった。

この事例は、DVのなかでも重篤なケースとはいえない。しかし、より深刻なものも含めた多くの事例に共通する特徴をもっている。

加害者の特徴と心理

配偶者に暴力を振るう人には、精神病水準の精神障害の人もいるし、深刻な人格障害を有していたり、アルコールを中心に薬物依存があったり、反社会的な性行をもっている場合も少なくない。また、広い意味での生活破綻者で社会経済的に困窮し、そこから生ずる強いストレスの影響を受けていることも多い。しかし、ここで挙げた例のように、むしろ表向きは社会的な成功者でただちに指摘できる人格的病理性を有さない加害者も数多い。DV加害者には、あらゆる社会階層・教育水準の人が存在するのである。

レノア・E・ウォーカー〔一九七九年――邦訳・一九九七年〕は著書のなかで、DV加害者の特徴として次の九つを挙げている。――a、自己評価が低い。B、虐待関係について（バタードウーマンに関する）すべての神話を信じている。c、男性至上主義者で、家庭における男性の性別役割を信じている。d、自分の行動を他人のせいにする。e、病的なほど嫉妬深い。f、二重人格を呈する。g、重度のストレス反応を示し、このため酒を飲んだり、妻を虐待する。h、男らしさを回復するために、セックスを支配的行動として利用することが多い。両性愛者でもあり得る。i、自分の暴力行為が悪い結果を生むとは信じていない。

また、小西聖子〔二〇〇一年〕は次の四点から加害者の特徴を論じている。――a、共感性の欠如。b、情緒の不安定。c、激しく不安定な対人関係と、見捨てられないための常軌を超えたふるまい。恐怖と怒り。d、男らしさへのこだわり。

ここでは、これらを参考にしながら、DV加害者の言動の特徴と心理を整理しておく。

男性至上主義と女性蔑視　なにかというと男女の役割を強調し、「女はこうあるべき」と強調する。それは客観的にみると自分に都合の良いことばかりだが、「自分は男として重荷を背負って苦労している」と主張する。往々にして子どもの前でも「お母さんは女だから」と、母の社会的無知や感情的になりやすさを馬鹿にする。その信念を支えるものとして、本事例のように父母の関係自体が差別的であったり、夫に不満足な母から溺愛され、過剰に世話をされてきた背景をもつ場合も多い。この男性至上主義は、以下に挙げるような特性の原因でもあり結果でもあるだろう。

基本的な自信のなさと虚勢　本事例のように社会的に有能な人であっても、人間としての基本的自信に乏しいと思われる例がほとんど全てである。どんなに成功していても、不安で他者からの批判に弱く、人目を気にするが、そうであればあるほど強がりをいい、配偶者をはじめ他人を馬鹿にし、それを配偶者にも認めさせようとする。

配偶者へのコントロール欲求の強さ　本事例では、家事の仕方などの点で妻を思い通りにしようとするかたちで表れているが、頻繁に自宅に電話したり、妻の一日の行動を問い詰めたり記録に書かせたりする例も珍しくない。その場合、落ち度や不審点を見つけては、自分の納得がいくように直すことを約束させたりする。しばしば「教えてやる」「躾ける」という言葉を使うが、本態は自分のコントロール下から離れることを自分への裏切りと感じる不安の強さであり、見捨てられ不安である。妻の離反を感じると、執拗なつきまとい行動を示すこともあり、外見的には明らかに「嫉妬」に見えるが、本人が性愛的嫉妬を自覚していることはほとんどない。他方で、支配行動として性行為を強要することは多い。人格水準が低い場合、親族・子どもに危害を加えるなどといった脅迫的言動も多く、妻の人間関係を断ち、孤立化を図る行動に出ることが多い。

共感性の低さと自己愛性　他者の行動をコントロールしようとするのは、愛情や信頼といった目に見えないものを信じられず、目に見える行動だけを支配しようとするからである。だから「人の中に自分と同じ感情や意思が存在する」という認識が薄れ、必然的に、他者の立場に立って考えることが不得手である。存在するのは、自分の感情や欲求であり、他者はそれを支えてくれる限りで重要なのである。

対人関係と情緒の不安定さ（ストレスの高さ）　基本的な自信のなさから、対人関係で特にストレスを感じやすく、人目・世間体に敏感であることが多い。本例のように生育歴上の歪みがあることが珍しくなく、対等で安心できる人間関係が結べていない傾向がある。友人関係でさえ上下関係で見るところがあり、自分が上と感じると安定しているが、下と感じると不安になり、怒りが生じる。

否認と嘘と責任転嫁　相手の感情など自分に都合の悪いことは否認しがちで、いくらかでも認めなければならなくなると、責任転嫁したり、嘘をつく。現実に直面せざるを得なくなると、全面降伏してしばしば「土下座」したりするが、時が過ぎるとそれ自体を否認して、以前と同様の言動を繰り返したり、本事例のように、直面させられたことを恨みに思い、責任転嫁して執拗に周囲を攻撃することもある。こうした両極的な態度は、統合された自己像の保持を困難にし、独特な二面性をかたちづくる。外面がよく、配偶者への暴力が明るみに出たときに「まさかあの人が……」と驚かれる場合も珍しくない。

被害者の特徴と心理

ＤＶの被害者は、加害者に比して、病理性をもっている割合は少なく、その特徴的心理の多くは身体的・心理的な暴力に晒され続けた結果として生じたものといえる。だから加害者以上に、被害者にはあらゆる年齢・階層・学歴・性格の人たちが含まれている。ジュディス・ハーマン〔一九九九年〕は、DV被害者のみならず、人質、戦時強制収容所生存者、組織的性的搾取などの長期にわたる権力的コントロールを受けた人たちに共通して見られる反応として「複雑性外傷ストレス障害」を記述し、これらの症状は、長期間の反復的外傷を経験した人たちが、その環境を生き延びるために持たざるを得なかった適応症状であるとした。以下に、DV被害者に特徴的な心理を示す。

視野狭窄　加害者の暴力を怖れビクビクするうちに、加害者の感情を害さないことが生活上の最優先事項になってしまい、その他の判断軸・価値が徐々に失われていく。加害者との関係に没頭し、時に見せる加害者の優しさ（のように見えるもの）をこのうえない恩恵のようにさえ感じ、ますます加害者の基準に合わせるようになる。次第に加害者に同一化し、加害者を自らの指導者と感じるようになることさえある。一種の洗脳状態になり、外から必要な情報は入らなくなって、援助に対しても反応しなくなることがある。

不安・不信と緊張　いくら加害者の感情を害さないようにしても、加害者はさまざまな罠をしかけ、罠にかかった被害者を攻撃する。加害者への適応に完全ということはなく、常に不安と緊張を強いられる。慢性的な緊張は、神経疲労と抑うつと自我の弱化をもたらす。

自責と怒り　加害者と自分の間で完結する因果循環のなかで、唯一改善への道と思われるのは、自分がさらに努力をすることであり、そのように出来ない自分が不充分なのだと感じるようになる。「私が怒らせるからいけない」「私が馬鹿だから」「私が失敗ばかりするから悪い」などと自分を責める。他方で、どこかで加害者の理不尽さも感じ続けているので、怒りと屈辱感を潜在させており、それが加害者の側の攻撃性を刺激することもあるし、時に被害者側の感情の爆発につながる場合もある。

孤立化と無力感　加害者への没頭により、社会的に孤立化し、徐々に自分は一般社会では生きていけない無能力な人間だと思うようになる。それがまた加害者への没頭を生み、不幸な状態から抜け出す術もない自分に深刻な無力感を感じる。加害者に絡めとられた生活の枠から外れること自体に恐怖と恥の感覚をもち、誰かに相談したり助けを求めることが出来ない。

否認と解離　長期化するにしたがって、受け入れがたい現実を否認して「本当は良い人」「いつか変わってくれる」「自分がいなければ生きていけない人」など考えるようになる。精神的に耐えうる限度を超えた深刻なケースでは、解離症状が生じることもある。

さまざまな症状　事態が長期化するとともに、慢性的な悲哀、集中困難、不眠や過眠、悪夢、頭痛などの身体的不調、うつ状態、パニック症状、過食・拒食、アルコール等の薬物依存、自傷、自殺念慮などさまざまな症状が発現する。

病理性　先に「被害者は加害者に比べて病理性が低い」と記したが、臨床事例においては、生育歴的に形成された被害者自身の特性が暴力被害に遭う一要因となっているとしか思えないような事例が珍しくない。父親の暴力に晒されて育った女性や、性犯罪被害に遭った女性が、半ば無意識的に暴力被害に陥るような男性関係を繰り返し選択するといったケースが少なくないのも事実である。ただ、こうした指摘をすることは非常にデリケートな側面をもっており、間違ってもそれが世間的にいわれがちな「被害者にも何かあるのでは？」と同水準のものとして論じられることがあってはならない。

家族の変容と子どもへの影響

ＤＶのある夫婦では、ここまでに記した両当事者の心理と特徴からも読み取れるように、病理的な相互適応関係が生じる。夫の理不尽な暴力は妻の夫への専心を生じ、その結果として妻が陥る視野狭窄や社会的無知は、夫の女性蔑視的信念を強化する。夫の拘束によって無力化された妻は、自らの生の意味を見いだすために、次第に夫の男女差別的価値観を受け入れるようになり、束縛されていることを愛情と誤認することさえ生じる。しかし、妻のこころの底にある敵意や怒りは、夫の自信のなさや対人不信を刺激し、夫側の暴力や統制欲求を強化してしまう。ＤＶのある夫婦が長期にわたって家庭生活を継続した場合、このような非常に歪んだ家族文化が形成されていくのである。

このような夫婦関係の歪みは、夫婦である親自身には自覚されないまま、子どもに影響を与える。相互に尊重し合う対等な人間関係を身近に経験できないことは、子どもの健全な社会性の発達を阻害するだろうし、緊張を孕んだ家庭の雰囲気は、子どもに不安を生み、基本的な安心感と自尊心に乏しい性格を形成するだろう。

愛情欲求不満に陥っている母親の過剰な愛情の受け手として育った場合、充分な世話を受けていても「自分という存在が真に尊重されている」とは感じられず、母との関係は困難なものになりやすい。男の子は、母に同情的で家族の間をとりもつ苦労人になる場合もあるが、母の献身を受けるなか、結果的に父親と同じ自己中心的な人物になってしまう場合もあるように見える。女の子は、同性として母に同情的な気持をもちつつも、女性の生き方として母のあり方に反発する気持もあり、非常に葛藤的になりやすいようである。

男の子、女の子ともに、ある程度年長になるにつれ、自らの家庭のあり方から生じる葛藤を抑え込み、自身の感情を切り離して、家族内で起きることに無関心・無感動になっていく一群の子どもたちがいる。こうしたタイプの子どもたちは、表面上、社会適応は良好な場合が多いが、内的適応には困難が大きく、自分が家庭を形成していく途上で改めて障害に直面する傾向があるように思われる。別の一群は、年長になり、一定の身体的、社会的パワーを身につけると、葛藤を外在化し、自ら暴力的になっていくかもしれない。

子どもの家庭内暴力

次の例については、簡単な治療経過も含めて記しておきたい。

中学三年のB男くんの家庭内暴力を主訴に父母が来談した。

専門職公務員の父、パートの母、三歳年少の弟の四人家族。父は細かい性質で言葉が多く理屈っぽいが、自分では大らかな性質だと言う。母は控えめで自信がないが頑くなな一面もある。弟は、学業成績も良く、明るく甘え上手で家族の話題の中心。

幼稚園時から一人遊びの多い子どもで、母は社交性のない自分の祖父に似ているように思って苛立つことが多く、つい友だちのなかに押し出していた。小学校に上がり、担任教師が非常に厳しい人だったことも手伝って、父母がだらしない本人をカバーしようと口うるさく注意するようになり、本人は萎縮。小学五年から登校渋りが始まった。六年時、母が父に本人のことを話していたところ、突然怒りだし、母の腕に噛みついた。中学入学後、不登校傾向はひどくなり、二年生二学期からはまったく登校しなくなった。

この頃から、『話をちゃんと聴いていない』など言っては、母の髪を引っ張る、噛むなどの暴力を振るうようになった。暴力は徐々にエスカレートし、母を自分の部屋に連れ込んでは殴る、蹴るなどすることが週に複数回ある状態になった。同時に弟に対するヤキモチと嫌がらせが始まった。父は、自分が入るとよけいに暴力がひどくなるからと介入しない一方で、母に「こうしたほうがいいのでは」など意見を言うので、母はよけいに辛くなった。母は精神的に不安定になり、精神科クリニックを受診したが、そこでの対応に傷つき、私〔以下I〕の所属する研究所に来談した。本人が中三の秋であった。

Iは、母を支えるとともに、父も交えて暴力に対する基本方針を確認した。暴力を生じる場面をなるべく避け、刺激しない工夫や一定の基準を確認して、それを越える場合は入院を考えることなどを話し合い、父母に精神科受診を勧めた。父母は、精神科受診をしたものの、入院させるまでの決断はできなかったが、基本方針を確認したことで態度が多少一貫してき、B男くんの暴力は減少してきた。並行して、Iからは本人に手紙・葉書などで接触。両親には、緊急時の逃げ場の意味と家庭の閉塞性を破る意味を兼ねて、理解ある親族に事情を打ち明けるよう勧めた。事情を知った伯母が幼い孫を連れて訪ねてくれ、B男くんも伯母と話をしたり、従妹の子と遊んだりするようになった。『不安だ、不安だ』と言って、母を離さず同じ布団で寝てほしがる一方で、『違うんだ、違うんだ』と言いながら母を殴ることもあった。この頃、B男くんは、母の面接に二回だけ着いて来て、Iとも言葉を交わした。

不登校枠で高校進学が決まった後、家族合同面接実施。一緒に遊ぶ場面では本人も嬉しそうにしており、「いま一番欲しいものは?」との問いには「金」と答え、「どういうお金?」と問うと「自分で稼いでみたい」と語った。高校は意外にも順調に通い、友人もできた。「自分はもう良くなった」と母がカウンセリングに通うことを禁止、母は隠れて通所するように。暴力はあっても立ち直りが早くなるとともに、言語化することが増え、あれこれ心配して先回りする母に対して『そんなに追い詰めないでくれ』などと表現するようになった。高校は、補習・再試験などを重ねて二年進級したものの、登校しなくなった。母は再びカウンセリングに通うことを本人に宣言。Iは自重を求めたが、父母は次の進学先を求めて奔走し、通信制高校への入学を決めた。実際には、入学したもののまったく課題もやらず、母が焦り始めるにつけ、再び暴力悪化。家族のたてる物音に敏感になり、ひきこもり状態がひどくなる。母親面接のなかで、母の行動が結果的にB男くんを追い詰めていることが洞察され、学校その他、母がB男くんの肩代わりをしないようになる。

彼の物音への過敏さは激化し、家族は息を潜めて生活する。ゲーム機の電源接触が悪く途中で切れたりすると、母に『謝れ。とにかく謝れ』と暴力を振るい、母はわけもわからずに謝らされた。大事なビデオ予約なども、自分は一日中家にいるにもかかわらず母にやらせ、なにかの加減で録れていないと母に当たり散らした。また、B男くんが置きっ放しにしたものを勝手に片づけると怒るので、掃除もままならない状態で、家中が散らかり放題だった。母は「自分たちが普通の生活をすることが大事。このままでは奴隷になってしまう」と言い、受験期の弟の勉強部屋と緊急時の避難先として、アパートを借りる決意を固めた。

翌春、母は、B男くんの暴力で骨折し数日入院。退院後、Iから「最低三週間は帰宅しないこと」「携帯電話にも出ないこと」を強く勧めた。母はアパートで弟と生活を始め、B男くんは父と二人の生活。B男くんには、父から「お母さんは、暴力のために精神的に弱くなってしまい、一緒に暮らすことができない。また戻ってほしいのだったら、いまは休ませてあげなくてはいけない」と伝えた。父との生活は、予想外に落ち着いたものとなった。父母と今後のタイムスケジュールを相談。別居三週間後に母は初めて帰宅。B男くんは、泣いて『帰ってくれ』と懇願したが、母は予定どおり、夕食の支度をして二時間で帰った。ほぼ十日毎に二時間程度帰宅するうち、B男くんは母の手伝いをするなどして、安定化。弟も家に立ち寄るようになり、B男くんも喜んだ。二ヵ月後からは、母は不定期に予告なく帰宅するようにし、B男くんもそれを淡々と受け入れるようになった。毛嫌いしていた父との交流も増え、一緒にスポーツ観戦に出かけたりするようになった。四ヵ月半後、母らが帰宅。母は、この間の面接で、「助けてくれない」と割り切れない思いを抱いていた父に対して、感謝を表明するようになり、また、自身の父親への受け入れがたい気持とB男への気持の関係についても、洞察を深めていった。

その後は、ときに感情の爆発と暴力もあったが、母が動揺しなくなり、疲れたときには、借りたままになっていたアパートに泊まりに行ったりしてやり過ごせるようになった。母とB男くんも率直な会話が可能になり、互いの不平不満を言い合える関係になり、暴力もなくなった。半年後、アパート解約。さらに半年ほどして、B男くんは昔の友人の誘いでアルバイトを始め、大学生を中心に複数の友人も出来た。自信がついてくると、進路についても考え、父母とも話し始め、大検受験のうえ、進学を考え始めた。治療目標の一つとして父母と話し合っていた「家族と冗談を言って笑い合えるようになること」が実現し、まだ将来の心配はあるものの、治療終結とした。

家庭内暴力を呈する子どもの特徴と心理

家庭内暴力についても、子どもの側の器質的障害や精神病理的問題が関与する場合は少なくないと考えられるが（本城・一九八二／一九八三年、滝川・一九九五年）、ここではそれらには触れず、性格的要因・生活史的心理的要因について概観しておく。

子どもの性格特徴についてはさまざまな指摘がなされている。本城（一九九八年）は、a強迫性、b他者への配慮性（過敏性）、c対人関係の希薄性、d自己中心性の四つに整理しているが、その他にも、幼児的な依存性、傷ついた自己愛と空疎な自尊心、情緒の不安定さなどを指摘できる。手島（一九八七年）はこれらを「内向的でわがままで欲求水準が高く、几帳面で完全欲が高いため妥協しにくいという挫折しやすい性格」とまとめ、暴力発現の契機となる「挫折」に収斂させて考えている。暴力的関係の持続のなかで顕在化する子どもの側の心理的特徴は、先述したDV加害者のそれと非常に近縁性が高く、「基本的自信のなさ」「コントロール欲求の強さ」「共感性の低さと自己愛性」「対人関係と情緒の不安定さ（ストレスの高さ）」「否認と嘘と責任転嫁」の特徴は、すべてそのまま重なると考えられる。

父母の特徴と心理

親の性格傾向や養育態度についてもさまざまな指摘がある（高橋・一九七九年、佐藤ら・一九八一年、本城・一九九八年）。母親について共通項をまとめると、内向的で不安が強く自信がないため、取り越し苦労をしがちで、強迫的になりやすく、気分も変動しやすい。この結果、子に対しては過保護・過干渉あるいは支配的な養育態度をとりやすいといった母親像が浮かぶ。若林（一九九三年）は、こうした養育態度をとりながら「強迫的な頑固さと他罰的傾向のために、従来の養育パターンを容易に変更できず、患児への対応において患児を刺激し、暴力誘発的に振る舞い、暴力をますます助長し、持続させることになりやすい」と述べている。また岩井（一九八〇年）は、家庭内暴力の家族傾向を三型に分けて論じるなかで、母親に共通する点として「夫への欲求不満」を挙げており、これも重要であろう。

父親については、「家庭の問題に対して無関心もしくは責任回避的傾向」「影が薄く、心理的不在」といったところが共通項であり、自信がないが故に子に支配的にならざるを得ない母親を心理的に支えられず、かつ母‐子の癒着（不健康な相互依存）関係に楔を打ち込むことのできない父親像が浮かぶ。他方で、父自身が「子に対して暴力的・支配的である場合もある」（若林一九九三年）との指摘もある。

なお、持続する暴力に晒されるなかで、親（主に母親）が陥っていく心理的特徴も、DV被害者の心理の項で述べたものが当てはまる。「視野狭窄」「不安」「不信と緊張」「自責と怒り」「孤立化と無力感」「否認と解離」の五つはほとんど、暴力に晒されている母親のなかに見られる。「症状」も、不眠・うつ症状などを中心にしばしば見られる。子の暴力は、夫の暴力に比べれば身体的脅威は低いといえようが、母子の元来の愛情的絆の強さがあるだけに、母親の傷つき・失望感は非常に大きく、自責も深いように思われる。

こうした子ども、母父それぞれの特質は、相互に刺激し合い、強め合って特有の関係をつくっており、一人の性格特徴をとりあげて論ずることはあまり意味がないかもしれない。

家庭内暴力が生じる家庭

上述したような家族メンバーがつくりあげる家庭の雰囲気は、顕在化はしていなくても、相互に他罰的で、寛容性に欠け、皆が愛情欲求不満を感じ、それゆえの攻撃性を潜在させている可能性が強い。

こうした、どこか不寛容でゆとりのない家庭環境のなか、敏感かつ小心で他者の意をくむ傾向の強い子どもは、従順さを強いる過干渉な母親の態度と相まって、自らの欲求を抑制しがちになり、健康な幼児的万能感を満たされないまま、肥大化させていくと考えられる。ところが、児童期後期から思春期を迎え、他者の社会的視線を強く意識するようになると、一方で肥大化した幼児的万能感を維持しようとし、他方では自分への幻滅と劣等感を感じ、そこから生じる傷つきを避けるために自分の硬直化した適応方式に執着する結果、余計に他者との折り合いは悪くなる。これには、父の心理的不在と母の支配により、子どもに必要な社会的スキルが育っていないことも関係している。こうした悪循環の連鎖の最中で、多くの場合、些細に見える出来事が、大きな挫折体験をひきおこす。しかも挫折による傷つきは、上述のような母の養育姿勢のために癒されないどころか、拒否に遇い、むしろ強められてしまう。思春期には誰しも自立と依存の葛藤を経験するが、このような親子関係では、子どもは依存もさせてもらえず、自立もさせてもらえない葛藤的状況のなかに傷ついたまま放置されるのである。ここに至り、子どものこころに潜在していた攻撃性が顕在化することになる。この攻撃性は背後に「甘え」をもっているために、容易に「恨み」に転化し、攻撃行動によって晴れることがない。むしろ、子どもは自らの暴力とそれがもたらす結果（親の拒否的反応）に余計に傷つき、さらに満たされることのない依存を求める。この循環のなかで悪性の退行に陥っていくのである。

暴力のある家族に共通した特徴

これまでの記述と重なる部分はあるが、ＤＶあるいは家庭内暴力が生じている家族に共通する病理的特徴を、特に家族メンバー相互の人間関係パターンを中心に整理しておきたい。

病理的依存関係

暴力加害者は、被害者を拘束し、優位に立っているように見えるが、内実は被害者の存在に深く依存している。暴力加害者は情緒的に自立していないために、自分の感情を自分のなかで処理することができず、最も近い「甘え」の対象である人物に感情処理を委ねる。加害者はさまざまな理由をつけて被害者に怒りを爆発させるが、詰まるところ、怒りの原因は何であれ、生じてしまった怒りを依存対象に処理してほしいのである。DVにしろ家庭内暴力にしろ、暴力加害者は『俺（私）を怒らせるな』と言う。ルールや道徳よりも、彼（彼女）の感情を害するもの（こと）が悪なのである。これは虐待する親にもよく見られる。

暴力被害者の側は、DVの項で述べたように、徐々に、加害者を怒らせないことが至上命令となっていき、すべての決まりごとに優先するようになって、まさに奴隷のように相手に合わせる状況が出来上がる。そして、その状況の異常性さえも意識しないようになっていくと、病理的依存サイクルが完成に近づく。こうなると、子どもの成長や当事者の病気や社会経済的出来事によって、家族内の力関係に変動が生じない限り、この関係が持続していくことになる。

不信と統制のサイクル

上述のように、加害者は被害者に深く依存しているので、被害者が離れていくことを強く怖れる。わずかな出来事に離反の兆しを読み取り、不信感を抱く。そしてそれを打ち消すために、相手の行動を束縛し、統制しようとする。そして統制すればするほど、また仄かな兆しに脅かされるようになるのである。この不信は、性愛的感情を含むか否かにかかわらず「嫉妬」様の外見を示すが、いずれにしろ相手には「人として尊重されていない」という感覚を与え、統制される側の緊張感と相まって、関係をぎくしゃくしたものにする。この関係の不自然さがまた、さらなる不信を生むのである。

興味深いことに、暴力被害者の側にも「不信と統制のサイクル」が生じる。被害者は、加害者の動向に注意を集中するばかりに、加害者の一つ一つの言動を信じて良いか否か判断することに多大のエネルギーを費やす。それが加害者に対する一種の執着となり、DVでは、被害者が加害者に嫉妬様の不信を抱くことも珍しくない。家庭内暴力の場合でも、暴力を振るわれながらも、母親が父親の介入を無意識に阻害し、子どもの自分への専心を維持しようとしていると見える場合があり、そうした場合には、子どもが信じられずに先回りして「尻ぬぐい行動」というかたちで、子どもを自分の統制下に置こうとする姿勢が見られる。

否認と他罰のサイクル

加害者は、愛着・依存の対象を攻撃するという矛盾を内面に抱えきれず、自分の行為や感情を否認し、部分的にでも認めざるを得ない場合は、相手のせいにする。被害者が反論などした場合には「自分は言ってない。やってない」と嘘をつく。こうした関係が持続すると、被害者の現実認識も揺らいでき、現実そのものの否認はしないものの加害者の意図や動機を否認して、自分を納得させようとするようになる。こうした被害者側のこころの動きは、「自分が悪い」という自責につながることが多いが、反面で加害者への敵意が同居しているので、治療者や他の家族員による支持を機に、一転して他罰的態度として表面化することがある。

以上の三点に表れる加害者の対象関係は、境界性人格障害のそれによく似ているように見える。ただ、異なるのは、家族間暴力加害者の場合、こうした心性は、基本的に依存対象である特定の家族メンバーとのあいだでのみ表面化し、社会内ではむしろ過剰なくらい抑制的であることが多い点である。当然のことながら、家族を超えてこうした対人関係が見られる場合は、人格水準の病的低下を考える必要がある。

コミュニケーションの病理性

以上のような家族病理的サイクルの表れとして、家族内のコミュニケーションは奇妙なものになる。

まず形式的側面として、家族メンバーのあいだでコミュニケーションの量に偏りが生じる。加害者がいるときには、他のメンバーは互いに話さ（せ）なくなったり、家庭内暴力事例などでは、母と加害者である子ども、母と父、母と兄弟というように、母を経由するコミ.ユニケーションだけが行われ、家族全体としてのコミュニケーションの共有が出来なくなることが多い。DV事例でも、加害者である夫は妻を通じてしか子どもとコミュニケーションがとれなかったり、逆に家族全員が一緒にいるときには、加害者が子どもにだけ話しかけて、被害者を孤立させるようなこともある。

コミュニケーションの内容も、加害者は自分の矛盾を誤魔化すために、被害者側は加害者の攻撃をかわすために、裏表のあるものになり、コミュニケーション自体が、理解よりもむしろ不信を促進するものになっていく。現実の人の気持や期待される人間関係というものは、その時その場で柔軟に変化するものだが、被害者側は、視野の狭窄とともに、徐々に硬直化した対応を繰り返すようになり、加害者の意思を先取りしたつもりで勝手な解釈をし、先回り反応をして、二人のコミュニケーション不全を強化しがちである。

閉鎖性

加害者・被害者双方に存在する、暴力を秘匿したい心理、相互的専心、コミュニケーション異常などにより、加害者と被害者のあいだには、その他の家族メンバーには理解し難い関係が出来上がり、さらには、その不自然な関係を包含する家族全体も、行動規範や価値観の点で、家族外と大きな落差を生ずるようになる。家族メンバーは、他者が家に入ること、家族メンバーが家族外の人達と自由に交流することを怖れるようになり、この閉鎖性がさらに、相互的な専心やコミュニケーションの歪みを強化する。

無力感と変化への怖れ

以上のような家族関係は、相互に強化し合っているために、不都合や不快を感じても、自分一人で変えることが出来ない。基本的に相互に他罰的な家族関係であるため、主体的・自発的に行動することには怖れの感覚がつきまとい、実際に行動した場合には、相当な抵抗が予測される。次第に、根強い無力感をもつようになり、ついには「不快で不幸であっても、より以上の危険は犯したくない」「いまのまま変化さえしなければよい」という気持になる。被害者自身が、援助の手が入ることを怖れるのは、このためであろう。加害者側からすれば、被害者が変化に向けて動けなくなるのは、一見望んでいたことが実現したように見えるが、加害者にとっても本当に得たいものが得られているわけではない。だから、加害者は加害者で無力感をもち、それがまた加害者を苛立たせる。

不快とストレスの高さ

家族内で親密で安心できる関係が得られていないという失望や欲求不満、社会経済的負因、疾病などによる不快感が、家族メンバーの間に強く存在する。しかも、他罰的で互いを許さない家族には、不快感やストレスを吸収する力がなく、増幅さえしてしまう。そしてさらに、閉鎖的な家族構造は、外部との交流によってこれらが解消されることも許さないため、家族内の緊張・不快は非常に大きなものになる。目標を持った攻撃衝動とは異なり、緊張・不快は発散によってしか解消されないので（大渕・一九九三年）、引き金となる刺激を受けると、手近で攻撃可能な対象に攻撃行動を向けることになるのである。

暴力からの回復と家族

時間の経過とともに、家族メンバーや親族との健康な相互作用によって、家族間暴力が回復に向かうことはあるかもしれない。しかし私が接触し得たのは、心理臨床の場や家庭裁判所に登場してきた事例なので、その範囲内で、暴力のある家族への援助と回復の過程について記述しておきたい。

家族間暴力の援助においては、加害者は臨床の場に登場しないことも多く、被害者の援助あるいは被害者を通じた働きかけというかたちをとることが少なくない。このことから、ここでは援助の過程を二水準に分けて考えることにしたい。第一は、暴力によってダメージを被った被害者の心身を回復させること。第二は、被害者と加害者あるいは家族全体をも含めた構造の変化を実現し、暴力が起きないよう援助をすることである。もちろんこの二水準は相互に絡み合っており、同時進行することも多いわけだが、ここでは便宜上、分けて論じることにする。

被害者の心身の回復

被害者への支持と安全確保　まず、追いつめられ、相談の場にやってきた暴力被害者に安心感を与え、勇気をふるって来談したことを評価し、ねぎらうことが重要である。被害者は、既述のように自尊心が傷つき、自責的で、ときに被害的でさえあるので、「なぜもっと早く相談に来なかったのか」といった質問には、非難されたと感じて傷つき、来談しなくなる可能性が大きい。経過を聞くと、被害者側の対応のまずさや奇妙さが目につくこともあるが、初期には、傾聴に徹し、受け止めることが肝要のように思う。

他方で、あまりに早い時期に「私は味方だ」というメッセージを強く伝えすぎないように気をつけなければならない。この点はＤＶ被害者ではとりわけ重要であり、ともすると過剰な依存を生じさせてしまったり、援助者の支持を得て被害者が急に「気が強くなって」しまい、かえって事態を悪化させてしまうことにもつながる。援助者が男性の場合には、さらに加害者の疑いを刺激して、事態を混乱させることもある。同様の理由で、加害者に関する評価的・診断的な言葉は充分に慎重に使わなければならない。被害者が加害者との諍いのなかで『先生はあなたがおかしいと言った』などと口走ることは、援助関係にとっては取り返しのつかない事態を生むだろう。ＤＶの場合では、加害者が援助関係に入ってくる可能性を閉ざしてしまうし、家庭内暴力の場合には、親の側に子どもを切り捨てるような冷たい態度をとらせてしまう可能性がある。

いずれにしろ、家族間暴力への援助においては、来談していない加害者に想像力を働かせながら、被害者に支持・安心を与えるというバランス感覚が必要とされる。

状況によっては、被害者の安全確保と事態の沈静化を目的として、被害者の入院・別居、保護施設入所などの可能性を探っておくことが必要である。いざという場合の用意をし、被害者とのあいだで共有しておくことが、被害者にゆとりを与え、破滅的な行動に出ることを防ぐし、事例Bのように援助過程における選択肢として利用できる。この準備がないと、突然の被害者の家出などによって、援助者自身が当事者の葛藤に巻き込まれてしまう状況も生じるのである。

現実感の回復（脱錯覚）　被害者は、加害者の動向ばかりが気になって視野が狭くなり、通常の現実感覚が乏しくなっていることがほとんどである。その状態は、一種の洗脳状態に近く、非現実的な可能性に恐怖を感じ、自律的に振る舞うことを諦めてしまっている。話を聴くなかで、そのような被害者の信念の根拠を丹念にとりあげ、徐々に現実感が戻るのを助けることが必要である。ただ、暴力被害者の自責的傾向と、加害者の論理を至上命令のように感じる傾向は、しばしば非常に強固であり、ときには一定の信頼感が育った後に、矛盾点を明確に指摘し、直面化を行う必要がある場合も少なくないように思う。

自律感の回復　前項の課題にも関連するが、被害者は「自分なりの努力をしてきても何も変わらないどころか、事態は悪化している」と感じ、無力感に囚われている。日常のなかでさしあたり出来ることを示唆し、ささやかであっても回復に向けた第一歩として意味づけする。例えば、殺伐とした状況のなかでも、面接の帰りに花やお菓子を買って帰ることを提案し、家の中に潤いを取り戻すことの意味を説明することなどである。わずかなことでも、被害者が自律的に行動することは、現実感を目覚めさせることにもつながり、また、「物事が変わりうる」という感覚を育てるだろう。

この延長線上に、被害者がイメージしうる目標設定をする。事例Bでは、「家族で冗談を言って笑える」

という到達目標が共有された。単に暴力が無くなることでは、親子間にある本質的な問題の解決にはつながらない。

家族の変化を図る援助

以上の被害者の心身の回復を図るアプローチそのものが、加害者を含む家族構造にプラスの変化をもたらすはずであるが、本質的な変化をもたらすには、より以上の働きかけが必要とされる。そこで第二水準として、家族の変化そのものを図る援助について述べたい。

なおＤＶ事例では、第一水準を念頭においた被害者への関わりが進むと、被害者側がパワーを回復し、家出・別居など離婚に向けた具体行動に移ることが多く、第二水準の、加害者や家族（夫婦）全体の変化を目指した働きかけには至らない場合が多い。これはＤＶに関わる私の経験が家庭裁判所でのものを中心としているためでもあろうが、限られた治療的経験のなかでも、やはり「離婚」という話題を避けることはできず、治療を超えてそちらが選択されることが多かった。したがって、ここでの第二水準の記述は、どちらかというと家庭内暴力事例の経験に基づくものであることをお断りしなければならない。

閉鎖性の解消　青木（二〇〇一年）は境界例の事例に触れて、「カプセルのようになった二者関係に風通しをよくし、それぞれに新たな関係の網をはることが最大の援助になるのではないだろうか」と述べているが、私も、家族間暴力事例の援助のなかで「風通しをよくする」ことを重要な援助基準と考えている。家族間暴力の事例では、加害者も被害者も自分たちの関係に第三者が介入することを強く怖れ、介入自体が暴力のきっかけになることも珍しくない。しかし、歪んだ認知と閉塞した感情を生み出す閉ざされた二者関係を開放していくことは、暴力の改善とほとんどパラレルな過程である。加害者の病理的な二者関係への依存が、多様な他者との健康な絆にとって代わり、被害者の視野狭窄がさまざまな視点によって和らいでいくことが、回復につながるのである。

事例Bでは、母がB男くんに独占されて父と母が話せない状態を初期の解決課題とし、父の成人病を口実に夜の散歩を勧めた。父母が散歩に出るときには必ずB男くんも誘うようにし、B男くんが断ると夫婦二人で出掛ける、というかたちをとった。このなかで父母間のコミュニケーションが多少とも回復して、B男くんの父に対する毛嫌いも多少和らいで、父に頼み事をすることも増えた。また事例のなかで記したように、親しい親族に事実を打ち明け、家族に声をかけてもらうようにした。これによりB男くん自身の健康な一面を見ることができて、父母への励ましにもなったし、治療者にとってもプラスの判断材料となった。

もちろんこれらの働きかけは、性急に進めようとするとかえって軋轢を生むことがあるので、充分な注意が必要である。

行動の一貫性を取り戻す　暴力被害者は、相手に合わせるのに汲々とするあまり、全体として一貫性のない行動をとり、その矛盾を加害者に突かれてますます譲歩をせざるを得なくなっていることが多い。まず、自分のとっている行動の矛盾に気づき、現実的な規準から見たおかしさを自覚し、そのうえで、常識的にできること／できないこと（すべきでないこと）を明確にして、それを揺るがさないことが必要である。この作業は繰り返し行わなければならないが、ときには事例Bの場合のように、書面にして手渡すことが適当な場合もある。

事例Bでは、子どもの暴力が減少してきた段階で、ゲームや雑誌などを際限なく買わせようとした時期があった。援助者と父母は繰り返し話し合い、それまで決めていなかった小遣いを定額制にして週に一回与え、そのなかで雑誌やゲームをどう買うかを本人に考えさせる方法をとり、親が頼まれて買ってきた場合にも必ず小遣いから差し引くようにした。

「朝、起こしてくれなかったから、学校に行けなかった」などの他罰的言い分も繰り返され、暴力の原因になっていたので、母が一度起こしたあとには、五分後に鳴る目覚まし時計を枕元に置くというルールを定め、本人にも徹底した。目覚まし時計があるということは一度母が起こしにきた証拠、というわけである。この方法をとることで、起床をめぐるトラブルは無くなった。

こうした小さな積み重ねをする一方で、親（妻）として譲らない点も明確に伝えるように支援する必要がある。事例Bの母の、別居後の帰宅条件などがその一例である。

家族内ストレスの減少と攻撃衝動の統制　家族内のストレス源にはさまざまなものがあるが、それぞれの軽減が、家族間暴力につながる蓄積された不快感の減少につながる。家族員がストレスを感じる場面をどうやったら減少できるのか、面接のなかで具体的にとりあげ、工夫を重ねる必要がある。前項の閉鎖性の解消と併せて、他の人の手を借りて家事負担を少なくしたり、疲れたときに休む場所の確保をしたり、「いくら言っても実現しないことは、最初から言わないことにする」という風に考え方を変えて、イライラする場面を減らすなど、全体として不快を感じる状態を減らしていくことが治療的である。そうした方向で話し合っていく。

また、暴力につながる攻撃衝動そのものの統制もポイントになる。家族間暴力の場合、攻撃衝動といっても「甘え」が転化したものであることがほとんどなので、「甘え」を基本的に受容しつつ、攻撃的表現に対しては、場を避けたり、毅然として譲らない態度を一貫して対応し、徐々にコントロールしていくことが重要である。一貫した態度による他の家族員の統制が、徐々に加害者自身の自己統制につながっていく。

認知の変容　第一水準で述べた現実感の回復の上に、歪んだ認知をより健康な認知に変容させる必要がある。DV事例では、男女差別的意識に基づく「女は男を立てるものだ」「女が我慢をすべきだ」といった加害者に都合のよい信念を、より相互的で対等なものに変えていかなければならないし、家庭内暴力でも、「親なのだから当然」といった考えをより現実的なものに変えていく必要がある。このためには、加害者自身が非難されることなくこれらの信念を表明する場を保証し、彼ら自身に自分が人からどう見えるかを考えさせる必要があるだろう。ピアグループが利用できる際にはそれが適切な場合もあるだろうし、それが無くとも、カウンセリングの場で表現を保証することは、認知の変容につながっていくに違いない。同時に教育的アプローチの可能性もあるが、これはDV加害者が自ら立ち直ろうとする姿勢を持ち得たときなどに有効だろう。

ソーシャルスキルの形成　暴力加害者は、自分の本当の欲求や感情を人に伝える能力が不充分であることが多い。だからこそ、表現しきれない部分を暴力によって表現すると考えられる。また、ソーシャルスキルの低さは、無用の軋轢を生むことも多く、社会内でストレスを溜めやすく、それを家庭内で発散するというかたちをとりやすい。加害者がソーシャルスキルを身につける場面を増やし、来談している場合は、さりげなく心理教育的アプローチを織り込むことも考えたい。

また、被害者側のソーシャルスキルも損なわれていると見られることが少なくなく、そこに加害者がつけいる隙が生じたり、加害者を刺激しているように見える場合がある。加害者への怯えがあってのことだろうが、被害者が、当然に必要な報告や断りなしに物事を進めてしまったり、当然あってしかるべき、挨拶や会話をしていなかったりすることが珍しくなく、これが加害者側に、寂しさを感じさせたり、「のけ者にされている」と被害感を持たせたりすることがあるように見える。家族内に暴力があっても、それ以外の部分では健康さを保ち、当たり前にやるべきことをやることが、家族全体の回復につながっていくと考えられる。

おわりに

家族間の複数の暴力現象を対比しながら論じたために、焦点が絞りきれないところがあったように思うが、他方で、家族という身近な関係のなかで暴力が生ずる意味とメカニズムを、ある程度描くことができたのではないかと考えている。

戦後の青少年の問題行動を俯瞰すると、昭和二十年代における実社会との接点で起きた暴力・犯罪に始まり、三十年代後半からの盛り場という中間領域での粗暴非行、四十年代から続いた校内暴力、引き続く家庭内暴力、さらには近年の自傷行為という風に、暴力と逸脱行動の生じる位置が、社会から学校、家庭を経て、ますます個人に焦点化してきているように見える。現代の閉塞感は、個人が社会と接するところでの自己表現（実現）を困難にし、そこで生じた欲求不満や不全感をますます身近な（個人的な）依存関係のなかで、歪んだかたちで表現するようになっているのかもしれない。本城ら（一九九八年）が指摘するように、この依存を受け止める「濃密な情緒的交流」を家族が失いつつあるいま、「子どもは外部の世界へと依存対象を求めて出かけていくか、一時的にしろ確実に不安を解消してくれるアルコールや薬物に走らざるを得なくなる」。つまり、家庭内暴力さえ起きなくなるような家族の空洞化が進んでしまうのだろうか。

こう考えると、暴力が家族のなかにあるときに、家族が自らの力で克服していく意味は、たいへん大きいように思う。暴力の克服は、家族自体が健康を取り戻し、家族員それぞれが自立しながらも相互に依存し許し合える人間関係を再構成することなのである。

参考・引用文献

青木省三（二〇〇〇年）『思春期の心の臨床』金剛出版
伊藤直文（二〇〇五年）「家庭内暴力とひきこもり」『現代のエスプリ』至文堂
大渕憲一（一九九三年）『人を傷つける心――攻撃性の社会心理学』サイエンス社
稲村博（一九九〇年）「家庭内暴力」『臨床精神医学』19
岩井寛（一九八〇年）「家庭内暴力と家族病理」『季刊精神療法』6
影山任佐（二〇〇〇年）「現代青少年の攻撃性と社会病理」『日社精医誌』9
川谷大治（一九九六年）「家庭内暴力」『臨床精神医学』25
川谷大治（二〇〇一年）『思春期と家庭内暴力』金剛出版
B・クラーエ（秦一士他訳・二〇〇四年）『攻撃の心理学』北大路書房
小西聖子（二〇〇一年）『ドメスティックバイオレンス』白水社
斎藤学（一九九八年）「家庭内暴力と夫婦間の病理」『臨床精神医学』増刊号「高齢少子化時代の精神保健・医療」所収
佐藤達彦ほか（一九八一年）「思春期家庭内暴力の臨床的研究」『季刊精神療法』7
ジュディス・L・ハーマン（中井久夫訳・一九九九年）『心的外傷と回復』みすず書房

手島ちず子〔一九八二年〕「思春期家庭内暴力――精神科外来でみられた症例の検討」『臨床精神医学』11
高橋義人〔一九七九年〕「思春期の家庭内暴力」『臨床精神医学』8
滝川一廣〔一九九五年〕「青年期境界例」『青年期の精神医学』〔青木省三ほか編〕所収・金剛出版
塚本千秋〔一九九三年〕「境界例の治療」『青年期精神科の実際』〔青木省三編著〕所収・新興医学出版社
内閣府男女共同参画局〔二〇〇三年〕「配偶者からの暴力に関する調査」国立印刷局
「法務総合研究所犯罪白書」〔一九六〇年度～二〇〇四年度版〕大蔵省印刷局〔国立印刷局〕
本城秀次・瀬地山葉矢〔一九九八年〕「少子化と家庭内暴力」『臨床精神医学』増刊号「高齢少子化時代の精神保健・医療」所収
本城秀次〔一九八七年〕「家庭内暴力を伴う登校拒否児の臨床精神病理学的研究」『小児の精神と神経』27
本城秀次〔一九九八年〕「家庭内暴力」『臨床精神医学講座18』中山書店
本城秀次・杉山登志郎・若林慎一郎ほか〔一九八二年〕「児童・思春期の家庭内暴力について」『児童青年精神医学とその近接領域』23
本城秀次〔一九八三年〕「家庭内暴力を伴う登校拒否児の特徴について」『児童青年精神医学とその近接領域』24
森田ゆり〔二〇〇一年〕『ドメスティック・バイオレンス――愛が暴力に変わるとき』小学館
レノア・E・ウォーカー〔斎藤学ほか訳・一九九九年〕『バタードウーマン虐待される妻たち』金剛出版
子どもの虹情報研修センター・ホームページ「統計資料」 www.crc-japan.net/index.php
内閣府男女共同参画局・ホームページ「統計情報」 www.gender.go.jp/boryoku
ファーストステップ・ホームページ http://first-step.csid.com/top.html

提題①

〈非行〉と家族の力動

——家庭裁判所の現場から

黒川 佐枝

黒川佐枝氏とは、氏がお若いときから、家庭裁判所調査官研修所の教室での演習や勤務されていた地方の家裁での研修の席で、担当されている事件の報告を聴かせていただく機会が講師として幾度かあった。きめ細やかに人情の機微をとらえて、相手に身を添わせて聴き入ることによって、巧まずして面接が展開していくのが印象的であった。

本章でも、非行に陥らざるを得ない少年とその背景の家族との関係が解りやすく語られている。章の後半に記されているが、司会を務めた私の質問やコメントをもとに、掘り下げて新たな思索が展開されていく過程なども、読者の参考になればと思う。

このあと、黒川氏は表面から容易には窺い知ることの難しい、外見は病んだり歪んで見える非行少年や問題の渦中にあって戸惑う家族のこころの底に息づいている、生きることへの希望、歓びや悲しみ、贖罪の気持など、「人のこころの奥にある真実《まこと》」を描きたい、と作家を志して家裁調査官を辞職された。新たな作品を通しての再会が楽しみである。

問題提起

非行と家族というテーマはあまりに広く、短時間ではとても語りきれませんが、家庭裁判所調査官として少年事件・家事事件に携わってきた経験から言えることのいくつかをお伝えすることで、多少ともお役に立つことができれば幸いです。

調査官は少年が非行に至った原因を調査し、処遇について意見を付して裁判官に書面で報告するのですが、その報告書のなかでもとりわけ重視されるのが家族欄です。ここを読めばケースの概略が掴める、と言われるほど家族の問題と非行は密接に関連しています。非行の要因となるのも家族なら、非行からの回復を助けるのもやはり家族であり、非行問題はイコール家族の問題といっても過言ではありません。

子どもをとりまく環境の変化

家族の問題に入るまえに、少年非行というものについてお話しておきたいと思います。

最近の少年非行の特徴

マスコミ報道などから、少年非行が増えてきていると思われがちですが、統計的に見ると特にそういうことはありません。犯罪の検挙率が下がって全体に治安が悪化したということはあるとしても、少年犯罪の総数が増えているとか、殺人などの重大事件が増えているというわけではないのです。割合としては軽微な非行が多くなっており、問題はむしろ、非行の裾野が広がっていることではないかと思います。たとえば、歩くのが面倒になって目の前にある他人の自転車に勝手に乗ってしまうというように、ちょっとした犯罪が普通の中学生や高校生によって安易に行われており、全体に規範意識が低下していることが感じられます。

もうひとついえるのは粗暴化傾向で、いわゆるオヤジ狩りというような路上強盗やひったくりといった非行が目立ってきています。こうした事件に見られる特徴は、「遊ぶお金が欲しい」といった単純な動機で安易に行っていることと、一人一人見れば荒々しさはないのに、集団になると人が変わったように大胆になっていることです。個別に話を聞いてみると、少年の多くは素直で、社会や権威に対する反抗的な姿勢も特に見られず、ただ何となく面白そうなことに飛びついたり、集団の勢いに流されて暴走しているのです。

深い考えもなく軽微な犯罪を犯したり、その場の流れで粗暴な行為に走る少年たちには、自分のことしか考えず、迷惑をこうむる相手の方に目が向かない幼さが目立っています。

時代背景と青少年の現状

このような青少年の在り方は、いまの時代背景と無関係ではありません。

まずは、よくいわれることですが、核家族化や地域社会の崩壊ということがあります。少年の生活状況を調査していて感じるのは、親と教師以外の大人と接する機会が極めて乏しいということです。いろいろな大人に接することで社会を知り視野を広げていくことが大切であるのに、多くの場合、情報は専ら友だち関係から入ってきています。

目的意識の喪失ということも挙げられます。若者の就職率低下とフリーター、ニートの増加はいまや大きな社会問題になっています。単純労働の正社員が採用されなくなり、高校を卒業してもなかなか就職先がないという事情もありますが、そもそも働く意欲の乏しい若者が増えているようです。将来に夢を描けず、生活が刹那的になっていくなかで、金銭への執着が強くなり、携帯電話料金や遊興費など、目先の目的のために学業よりアルバイトに熱中し、高校中退に至るケースは少なくありません。

不良文化の一般化ということも、最近感じられるの傾向のひとつです。かつては一般の青少年と不良少年とでは服装にも言葉づかいにもはっきりした違いがありましたが、いつの間にかその区別は曖昧になっています。不良少年が使う隠語や独特の崩れた言葉使いというものが以前はあり、調査官になりたての頃は先輩から聞き慣れない隠語を教わったものですが、いまやそういうものは存在せず、というより一般の青少年が不良言葉をとり入れて普通に使うようになり、いつしか大人にまで広がって、言葉の乱れは社会全体のものになっています。こうした風潮のなかで、まじめさや勤勉さは評価されなくなり、子どもたちはおちゃらけたり羽目を外すことで仲間に受けたい、目立ちたいと思っています。それが「少しくらいの逸脱行動なら構わない」という考え方につながっているように思います。

最近よく見られる光景として、電車内で化粧をしたり床に座り込んで仲間と声高に喋ったり、コンビニの前に大勢でたむろするといった若者の振舞いがあります。自分や自分の仲間にしか関心がなく、他人にどう見られても意に介さないわけです。かれらには周囲に迷惑をかけている自覚がなく、悪いと思っていないだけに、他人に注意されると激高して思わぬ暴力事件に発展する場合もあります。こうした他者への無関心は、一部の不良少年だけの問題ではなくなってきているようにも思います。

青少年の意識の変化のうち、特に著しいもののひとつに「性」の問題があります。かつては早過ぎる性体験は非行の深刻さを示す指標のひとつとされていましたが、いまでは特殊なことではなくなり、最初の性体験が中学時代というのは珍しくなく、小学校高学年という例すらしばしば見られるようになりました。相手を次々に変えたり、同時に複数の相手と性的な関係を結ぶことにも抵抗がなくなっています。性の自由化・流動化は大人の社会の反映でもあり、非行少年に限らず一般の青少年の意識も確実に変化していますが、精神的に未成熟な段階で性的な刺激を受けるということにはやはり危険な面があるように思われます。

通信技術のめざましい発達も、生活様式や人間関係を大きく変えました。携帯電話やインターネットにより、あらゆる情報がすぐに手に入り、犯罪性の高い者とでも簡単に接触できること、交友関係が無制限に広がること、そうしたことに親の目が一切届かないことが犯罪への敷居を確実に低くしています。互いに素性を知らず、携帯電話やインターネットだけでつながっているような人間関係の匿名性は、人を大胆にし、日常から飛躍させ、規範を無視した行動に走らせます。日ごろ問題のなかった少年が一足飛びに大きな犯罪に至るといった傾向は、ＩＴ社会がもたらしたもののひとつです。

家族の機能の弱体化と親子関係

このような時代背景にあって、家庭の在り方も変わってきています。従来家族がもっていた子育ての機能は弱体化し、家庭の基盤は脆くなっているのです。

出産や育児に関する雑誌がいくつも発行され、「公園デビュー」などの言葉が生まれて、子育てのマニュアル化が進んでいます。密室化した家庭で孤立する母親は周囲に遅れをとることを恐れ、マニュアルに頼らざるを得ません。

マニュアルは便利な面もありますが、予定した結果が得られないときはストレスになり、子どものためにやっているはずが、逆に子どもを追い詰めてしまうことがあります。

小さいうちから受験勉強やスポーツに打ち込んでいた少年が、挫折をきっかけに非行に至ったというケースをよく目にします。努力することや挫折を経験すること自体は成長の糧ともなりますが、与えられたことだけこなしてそれ以外のことに一切目を向けないような極端さが問題なのだと思います。勉強があるから、野球の練習があるからと、家族や友だちと過ごす時間を犠牲にさせ、家の手伝いも免除し、ただ一つのことにまっしぐらに向かわせるやり方は、子どもの自然な適応力を奪っています。「子ども自身がやりたがっていたから」「他のことには興味を示さなかったから」と親たちは言いますが、そうであっても他のことにも幅広く関心を向けさせるような働き掛けが必要だったのではないでしょうか。地域とのつながりもなくなり子どもの生活空間が狭くなっている時代にあって、親のそうした配慮はますます重要になっています。

食や教育の外注化は家族を変質させてきました。最近は遠足にコンビニ弁当を持たせる親が珍しくないと聞きます。食卓にも出来あいのものが並ぶなど、外食産業の活用が進み、家庭の味といったものが失われつつあります。子どもが親から何かを学ぶという機会も少なくなり、多くの子どもは塾や習い事に通います。外食産業や教育産業の普及には、親の負担を軽減するなど合理的な面もありますが、家庭の役割や個性がだんだんと希薄になっていくという問題があります。塾の月謝を払うために母親が外に出て働き、子どもは塾通いのために独りで食事することが習慣になり、家族のまとまりが失われていくという傾向は、どの家庭にも多かれ少なかれ見られるのではないでしょうか。母親が手作りにこだわるあまり疲労し不機嫌になってしまっては本末転倒ですが、上手に手抜きをしながら大事なところは守っていくような工夫が必要なのだと思います。

携帯電話の普及が親子関係を変えていることは先に述べましたが、親が子どもの交友関係を把握できなくなり、子どもが四六時中友だちと電話したりメールにふけって、家族と交流しなくなったことの影響は大きいでしょう。さらに、どこにいても連絡がつくため、親が子どもの夜間外出や外泊を大目に見るようになり、生活にけじめがなくなったことも、非行化に拍車をかけています。

衣食住の提供、文化の伝承、しつけや教育など、総合的な機能をもっていたはずの家庭ですが、そのほとんどが外注化されて空洞化してしまうと、残るのは愛情を基盤とする「癒しの場」としての意味だけということになってしまいます。意外に思われるかもしれませんが、非行を犯した少年とその親が友だちのような「仲良し親子」である例は案外多いのです。やんちゃな少年とお母さんが仲良く会話している光景は微笑ましくもありますが、しかし「それだけでいいのか?」という疑問はあります。表面的には良好な親子関係を保ちながら裏で非行が進行しているケースは少なくありません。親は対立を回避しようとし、携帯電話で連絡がつくことでよしとして夜遊びに寛容になり、子どもは「オール」(一晩中遊ぶ)、「プチ家出」などの軽い感覚で家庭の枠組みから逸脱していくのです。そうなってから門限を設けるなど規制に躍起になっても効果がなく、仲良し親子であればあっただけ、子どもの反発も大きく、親子の対立は決定的となってしまいます。

非行の発現要因としての家族

非行にはいろいろなタイプがあり、非行と家族の関連について一概にはいえませんが、典型的なものを紹介して、実務経験から感じることを述べたいと思います(ここで挙げる事例は、複数の実例をもとに合成したものです)。

放任、しつけの放棄

保護能力の乏しい家庭というのはいつも時代にもあります。貧困や病気、多子家庭など、さまざま事情で親に余裕がなかったり子どもへの関心が乏しい場合、学力や基本的な生活習慣が身につかず学校生活に適応しにくいのは事実です。最近は、就学時にはすでに読み書きや簡単な計算程度はできる子が大半なので、ほったらかされて白紙状態で入学すると、学力遅滞に陥る可能性は相当高くなっています。家裁に来る少年のなかで、知能面では問題ないのに中学生・高校生になっても仮名遣いや九九すらおぼつかないという例は珍しくありません。授業内容が全くわからない状況に長く置かれれば、劣等感や疎外感を抱くのは当然で、自分の存在を誰かに認めてほしくて不良グループに親和していくというのは非行化のひとつの典型といえましょう。

家庭不和

家族の人間関係に葛藤や緊張があると、子どもにはいろいろなかたちで負担がかかります。両親が不和でも我慢強く素直に育っているという例も多く見られますが、表面上は落ち着いていてもどこかにひずみが生じていて、なにかのきっかけで非行というかたちで表面化するという場合もあります。

ある少年の家庭は、表面上は平和でしたが、父には長く続いた女性関係があり、少年の成人を待って離婚する考えでした。父の外泊は仕事の都合ということで取り繕われ、子どもの前で夫婦が言い争うことはなかったものの、家庭の雰囲気は重苦しく、家族が率直に気持を伝え合うことはありませんでした。少年は非行とは無縁の普通の高校生でしたが、偶然知り合った不良仲間から抜けられなくなり、いわゆる「オヤジ狩り」の事件に関与してしまいました。被害者が自分と同年齢と知った父は愕然とし、自分への潜在的な反発があったのではないかと考え、女性関係を清算することになりました。

愛情不足

何らかの事情で早期に親から引き離されたり親が拒否的であったりして、愛情欲求が満たされなかった少年には「自分には大切にされる価値がある」という感覚が乏しく、人に対する不信感も強いので、非行に至った場合は深刻です。盗みを度々繰り返すようなケースがひとつの典型で、多くは早い時期に非行が発現し、家からの金品持ち出しや万引きから始まって、空き巣狙いなどの本格的な盗みに発展します。施設や職場などの環境に安定できず、親切にされても金品を盗んで出奔するなどの裏切りを繰り返して、ますます居場所を失い、自己イメージを傷つける、という悪循環に陥って回復が難しくなるのです。女子の場合は愛情欲求不満から性的な逸脱に至るケースが多く、犯罪性の高い成人の表面的な優しさに惹かれ、薬物を打たれ売春させられるなどの被害に遭いながらも依存し、せっかく保護されてもすぐに自分から戻ってしまうという悲惨な状況に陥ります。

ある男子中学生の実父は仕事がら不在がちで、継母は少年に冷たく、実子と露骨に差別しました。小さい頃から他人の家に無断で入り込んだり小さな盗みをするといった問題行動が見られ、実父も継母に同調して少年を責めました。家出して野宿を続ける少年を親は探そうともせず、心配した友だちが代わる代わる食べ物を運んでくれましたが、誰も来てくれないときは食べ物を万引きしていました。少年は児童養護施設に保護され、素直でかわいげのある性格が幸いして施設にもすぐ馴染みましたが、親の冷淡な態度は変わらず、この先も恵まれない境遇を乗り越えて生きていくのは容易ではないだろうと思われました。

体罰・虐待

暴力的な事件を起こす少年の生活史を見ると、体罰や虐待を受けている場合が少なくありません。親の感情的な叱責や暴力に脅かされ、有無を言わさぬ罰を与えられて育った少年には、「強い者には服従するしかない」といった無力感が根づきます。日頃はおとなしい少年が集団リンチなどで信じがたいほど残虐な行為に及ぶことがあり、そうした例では、虐待する側の人間に迎合しようとする傾向が見られます。不良グループには先輩の命令に後輩が絶対服従するといった強固な上下関係があり、後輩が敬語を使わなかったというような些細な理由で暴力的制裁を加えるという事件が後を絶ちません。そして被害者は自分が先輩の立場になったとき、後輩に対して同じような行動をとるのです。

心理的な虐待や性的な虐待を受けている場合はさらに深刻です。自尊感情が損なわれている少年は、将来の目標を定めたり自分を高める方向に向かうことができにくく、際限なく非行を繰り返し、自棄的な生活に陥ってしまうこともあります。

体罰や虐待の多くは親によって無自覚に行われており、「しつけのため」という理由が大半です。「むやみに叩いたわけではない。口で言って聞かないときにやるだけだ」と親は言います。しかし内容をよく聞いてみると、ただああしろこうしろと指図し、従わないことに腹を立てて手をあげているのです。なぜそれが必要なのか説明してやったり、子どもにやる気を起こさせる工夫をしたり、うまくできたときにほめてやったりということをせず、「命令」をしつけと履き違え、力ずくで従わせようとするのは、虐待以外のなにものでもありません。ただ、そういう親の多くが自分自身もそのように育てられているので、親を非難するだけでは問題は解決しないのです。こうしたケースに触れるたびに、親をケアする場があまりにも少ないことを感じます。

管理的・支配的な親

子どものためと言いながら、親の考えでレールを敷いて従わせる親がいます。小さいうちは親に言われるまま従順に過ごし、厳しい教育が功を奏しているかに見えても、ある時期、急に反抗的になったり、問題を起こすということがあります。管理されてきた子どもは、自分で判断して行動する主体性が乏しいため、環境の影響を受けやすく、いったん暴走しはじめると歯止めがきかないのです。

子どもの頃から進学塾や習いごとに通わされ、外で友だちと遊ぶことも禁じられていたある少女は、優秀で聞き分けの良い子でしたが、私立中学に電車通学するようになってから急に行動範囲が広がり、友だちの影響で派手な化粧をするようになりました。私立中学には馴染めなくなり、公立中学に移ってからは坂道を転げるように非行がエスカレートし、そうなると親が何を言っても裏目に出るばかりで、警察の手を借りるほかありませんでした。

過保護な親

子どもを可愛がり、一見大切にしているようでも、手厚く保護しすぎ、自立心や社会性の発達を阻害している場合があります。管理過剰な親と違って、子どものよい面を伸ばそうとしたり自主性を尊重しようとは思っているのですが、結局、子どもの言いなりになっているに過ぎません。小さいうちは問題が目立ちませんが、大きくなるにつれて、考えの甘さや忍耐力のなさゆえに挫折を経験し、厳しい現実に直面します。

ある男の子は、父母の離婚後、裕福な母方実家で、祖母と母、姉たちに可愛がられ、小学校までは無邪気にのびのび育ってきました。しかし、私立中学に入学したものの勉強について行けず、努力で挽回するということができず、嫌気がさして不登校に陥りました。素行の悪い友だちの家に入り浸って万引きやバイク盗を繰り返すようになり、心配した母や祖母が口うるさく注意すると、少年は逃げ回ってますます家出を繰り返すようになり、これも警察の手を借りる結果になりました。

親自身が弱く不安定な場合

親が精神的に安定せず、態度に一貫性がない場合、子どもは安心できず、常に親の顔色をうかがい、振り回されてしまいます。小さいうちは萎縮し自己規制しているので、表面上は問題ないように見えますが、自立の時期になると、安住できない家庭を離れて不良交友のなかに居場所を求めたり、乱れた生活に陥ったりしがちです。逆に、子どものほうが頼りない親の面倒を見て保護者的な立場になり、大人びた態度をとっている場合もありますが、一見しっかりしているようでも内面は不安定なのです。

ある少年の母は、女手ひとつで懸命に少年と兄を育ててきましたが、ある時期からアルコール依存症になり、酔いつぶれて子どもの前で醜態をさらすようになりました。少年は母親思いで、背を向ける兄に代わって母の面倒をよく見ており、母も少年を頼りにしていました。日頃は心優しく、年長の先輩と対等につき合う、一見大人びた少年でしたが、背伸びしていても内心は自信がなく、満たされていませんでした。そして先輩にいいところを見せようと、女の子をだまして誘い出し、集団で乱暴する事件に発展したのです。

非行からの回復要因としての家族

家裁調査官が行う保護者面接は、親自身が困って援助を求めているわけではなく、子どもが事件を起こしたことによって否応なく呼び出されて事情を聴かれるものであり、場合によっては子どもが親の意に反する処分を受けることもあります。親の立場や態度はさまざまで、処分を軽くしようと少年を庇ったり、家裁の判断に異を唱える親もいれば、逆に子どものことを持てあまして施設収容を望む親もいます。

家裁から見た親

調査官による面接には、第一に情報収集という目的がありますが、それと同時に、少年を更生させるために親にはたらきかけ、親の力を引き出していくということもしなければなりません。限られた時間のなかでどうすれば有効な援助ができるのか、ということを含め、家裁から見た親について述べたいと思います。

情報源としての親　親から得られる家庭状況や少年の生育史についての情報は非行理解に不可欠で、処分の根拠となる客観的事実を押さえておくという意味でも重要なことです。親の話に耳を傾けるばかりでは必要な情報は得られず、ときには聞きくいことも聞かなければなりません。しかし、知りたいのは外形的な事実だけでなく、心理的な事実を語ってもらうことが必要であり、それには信頼関係が大事です。

援助の対象としての親　情報収集だけでなく、親への助言やはたらきかけも調査面接の目的のひとつですが、これらは実は密接不可分なものです。調査官と親とのあいだで「非行の原因を明らかにして少年を更生させる」という目的が一致し、一緒に考えて行こうという信頼関係ができていれば、それらは自然に行われわれるものです。例えば、家族の歴史を聞いていくなかで、親自身が大事なことに思い当たったり、少年の日常について話題にするなかで、少年に対する親の見方が変わってきたりすることがあります。調査官が問題を指摘するより親自身が気づいてくれるほうが変化が期待できるので、なるべくそのようにしたいと考えていますが、限られた時間でそれができない場合もあり、親にとっては少々耳の痛いことをはっきり指摘して改善を求めることもあります。たった一度の面接で家庭内のかなり立ち入ったことまで聞いたあげく「ここが問題だから変えてほしい」と注文をつけるなどということは、子どもが犯罪を犯し親に監督責任があるという前提がなければあり得ないことです。

少年の権利の擁護者としての親　親には、審判手続のなかで少年が不利な扱いを受けないよう少年の立場を代弁する役割もあります。非行事実の存否を争ったり、要保護性の判断について異論を述べるなど、家裁と意見が対立する場合もあります。少年の人権を守ることは当然であり、事実を否認しているのにプライベートなことに踏み込む調査をすることは許されないので、そのときは調査は中止し、裁判官の司法的な判断を待つことになります。しかし、少年が嘘をついている場合もあるわけで、少年の無理な主張を鵜呑みにしたり、非行事実は明らかな場合でも動機について少年の言い分だけ聞いて正当化し、否定的な評価を一切受けつけないような親も、なかにはいます。立ち直りは自分の非を認めて反省することから始まりますが、嘘や言い訳を通してしまったり、あるいは自分の子を犯罪者と認めたくない親の無言の圧力によって正直なことが言い出せないということになると、少年の立ち直りは阻害されてしまいます。

少年と利益相反する親　家庭内暴力や家出など、親との対立が直接問題になっているケースでは、親の指導が正当であったのか虐待であったのかなど、親子の主張が食い違い、少年の利益の代弁者にはなり得ない場合もあります。双方の言い分をよく聞き、調整していくことになりますが、少年の権利擁護のため、少年に弁護士の付添人を付けることが必要な場合もあります。子どもは虐待する親に迎合してしまう傾向があるので、少年が親の意に添うような発言をしていても、それが必ずしも真意とは限らず、よく見極める必要があります。

処遇の実情

ここでは、少年審判の結果どのような処分がなされ、家裁では実際にどのような働きかけを行い、どのような効果を上げているのかを述べたいと思います。

家裁の処分結果　少年の一般保護事件（交通事件を除いたもの）のなかで検察官送致となるものは約〇・六％、少年院送致は約二・九％、保護観察は約一〇・五％で（平成十六年「司法統計年報」より）、特に処分がなされず不処分や審判不開始で終わる場合も、調査面接や審判の過程で、少年に対して教育的な働きかけがなされています。

保護者に対する指導　保護処分はあくまで少年を対象とするものですが、審判手続のなかで行われることは、保護者への指導という意味でも効果を上げています。例えば、少年鑑別所に収容することが親子の関係を見直すよい契機となっていますし、試験観察に付して、少年と保護者にさまざまな働きかけをすることも効果的です。少年法改正で「保護者への措置」が明文化されたこともあり、保護者にどうはたらきかけるかということはますます重視されるようになりました。

重大少年事件が続いたこともあり、「少年の親には監督責任を厳しく問うべきだ」といった声が目立ちます。家裁でも、保護者への指導を積極的に取り入れ、個別面接だけでなく、保護者会などの試みを始めていますが、これはどちらかというと、自信を失って疲れ果てた保護者をサポートするという性格が強く、世間の求めるものとはややズレがあるかもしれません。「家裁のやり方は手ぬるい」との批判は真摯に受け止めなければなりませんが、しかし、問題を指摘し親を責めるだけでは問題は解決しないことも事実で、保護者自身も追い詰められ、監督責任を問われても受け止めきれない場合があるのです。非行の問題は他人には相談しにくく、多くの親は誰にも話せない悩みを抱えて孤立し、自信を失いがちなので、少年を指導する力をつけてもらうようなはたらきかけも必要です。

非行からの回復と家族

子どもの非行というのは家庭にとって大変な危機場面ですが、危機は同時に再生のチャンスでもあり、実際によい方向に向かっていくケースも少なくありません。そうした例をいくつか紹介したいと思います。

親子の信頼関係の回復　警察に捕まり審判を受けるという危機場面で、少年と保護者の一体感が強まり、こじれていた親子関係が回復に向かうことがあります。危機に直面することで、残っていた健康な部分がにわかに機能しだすのでしょう。

ある母親は、口ばかりで実行力がなく、何をしてもすぐに投げ出す少年に腹を立てていました。少年は「自立する」と大口を叩いて家を飛び出したものの、結局は仕事にも就かず不良仲間と事件を起こしました。母親は、調査では少年の優しい面や素直な面も語っていましたが、審判になると少年の前で『もう勝手にすればいい、のたれ死にをしても構わないと思っていました。審判にも出ないつもりでした』と腹立たしげに語り、これまで少年に期待しては何度も裏切られてきたことを述べました。『では、どうして審判に来てくれたのですか？』と裁判官に聞かれて一瞬言葉に詰まった母親は、『でもやっぱり、この子が好きだから』と思わず答え、それを聞いた少年は大声を上げて泣きました。こうした体験をすると、多少の揺り戻しはあったとしても大筋では改善に向かうものです。

家族の機能の修復　少年の非行を契機に、以前からあった家庭の問題が解消され、正常な家庭の状態を取り戻すケースもあります。そうするべきだとわかっていてもなかなか改められないといったことはよくありますが、少年の非行という一大事によってそれが可能になるのです。

女性のもとに走り家に寄り付かなかった父親が、少年の非行を深刻に受け止めて女性と別れ、家庭に戻ったケースを先に紹介しました。これは少年院送致になってもおかしくない事件でしたが、少年と保護者の真摯な反省が認められて試験観察に付され、経過は極めて良好で、少年院には行かずに立ち直ることができました。父がいる安心感に加え、母が明るくなったことが少年を精神的に安定させたのです。

こうしたケースを見ると、家族関係の正常化がいかに大事かがわかりますし、少年が非行というかたちで家庭の再生を促したのだということを感じます。

専門家による援助　親の熱意だけでは解決できない問題については、専門家の助言が必要です。

落ち着きがなく扱いにくい子だとして親が長年手を焼いてきたような少年を調査すると、発達障害があったり、性格的な偏りがあって、専門家の援助が必要とわかる場合もあります。こうした問題を抱えながら専門機関に相談していなかったり、子どもが嫌がるので病院に連れていけなかったというケースも、少年の非行を契機として相談機関につなぐことが可能になります。本人の資質に合った指導で行動が落ち着き、自分の育て方が悪いと思い込んでいた親が専門家のサポートで自信と余裕を取り戻せる意味も大きいかと思います。

特異な少年事件の報道がなされると、明らかな精神疾患などがある場合を除き、親の育て方の問題、とりわけ母子関係の問題と見られることが多いように感じられます。環境要因は確かに大きいでしょうが、持って生まれた資質や性格など、親の努力ではどうにもならないことがあるのも事実です。「誰が悪いのか」と犯人探しをするより、「一つ一つの場面でどのような指導が効果的か」ということを具体的に提示し、うまくいかなくても落胆せず、次の方法を考えるといった姿勢で助言し、親を支えることも重要ではないでしょうか。

家庭から距離を置く場合　家庭環境が劣悪で少年を家庭に戻すことが好ましくない場合や、親子関係が悪化して修復が困難であったり、親がどうしても自信をもてないといった場合は、いったん家庭から離し、他に安定した環境を用意するしかありません。非行の程度によって、少年院や児童自立支援施設・児童養護施設に収容したり、試験観察に付して民間の補導委託先に預けることになります。

少年が別の場所に預けられることで、親は、一時的にでも肩の荷を下ろして余裕を取り戻すことができ、受け入れ態勢を整える準備期間が得られます。また、一定期間距離を置くことで、お互いへの思いに気づくこともあります。充分に態勢が整わない状態で無理に家庭に戻せば、状態がいっそう悪化するので、しばらく引き離すような対応は重要です。

少年は施設で忍耐力をつけたり対人関係の経験を積んで成長し、親に対する態度も徐々に変化することがあり、そうなれば親のほうも変わってきます。少年院では、内観・課題作文・個別面接・援助集会などによって自分を見つめさせる教育が一般的に行われており、親子関係の改善に関しては、ロールレタリングなどによって親子関係を考えさせる工夫もされています。また、面接・通信での親との関わりについて助言し、親に対しては、保護者会などで助言がなされています。

補導委託先には公的な施設とは違った特色があります。健全な家庭生活に触れたり、あるいは仕事をとおして自信をつけることで、少年の更生が図られ、少年自身が生きる力をつけていくことで親に対する見方が変わったり、少年の成長を見て親が受け入れる気持になり、親子関係が改善するといった効果が得られるのです。

家庭に戻せない場合　少年院に送致された後も親の拒否的な姿勢が変わらず、面会や通信が全くないようなケースも、なかにはあります。少年院では、面会を促す手紙を出したり、少年にも諦めずに手紙を書くよう励ますといったことがなされていますが、なかなかうまくいきません。家庭の問題が大きすぎて改善が難しいこともあれば、親子の信頼関係が損なわれてしまって修復に時間がかかる場合もあります。そうした場合は、家庭に期待することは諦め、少年に目的をもたせ資格取得などの課題を達成するよう励ますなど、自立に向けての援助がなされます。出院後の帰住先がない場合は、いったん更生保護会などに身を寄せ、就職して自分でアパートを借りるまで生活することになります。

補導委託の場合も、少年が頑張っていても親が関心を示さず、最後まで引取りを拒否したり、あるいは劣悪な家庭環境が改善できず、少年をすぐには帰せない場合があります。帰るところのない少年は、委託先に引き続き世話になったり、住み込み先を紹介してもらったりして、自立を目指すしかありません。

このように、家庭に期待できない場合、あまりそのことにこだわるより、別の受け皿を用意し、少年には自分の将来に目を向けさせ、自立に向けて努力をさせるほうがよいと思われます。親を変えようと無理をすればかえって関係がこじれ、少年は不遇な環境を恨んで意欲をもてなくなることがあるのです。それより、いつか親と和解できることに希望をつなぎ、少年の立ち直りのために援助するほうが生産的ではないでしょうか。

対話および質疑から

ここまでの問題提起では、少年非行や審判手続についての全般的な説明が中心となりましたが、村瀬先生との対話やフロアとの質疑によって、話題はより具体的になり、本質的な問題に近づいたと思われます。

「厳しさ」について

「家庭環境が劣悪で改善が困難な少年にどのような援助をしていけばよいのか?」というフロアの質問に対し、「現実を変えることができない以上、それを受け入れるしかないので、甘やかさずに厳しく叱ることも必要だと思う」というお話をし、一例として次のケースを紹介しました。

ある少年は、母が服役中に刑務所で生まれて、養護施設で育ちました。一時期、母に引き取られたものの、すぐに置き去りにされて施設に戻り、気持が荒んで非行化しました。施設は少年にとって家庭と同じで、甘えが強いだけにわがままを抑えられず、攻撃的な言動で職員の手を焼かせました。事件を起こして鑑別所に収容された少年は、反省の態度を示し、施設に戻されましたが、施設職員に反抗し、たちまち再犯して再度鑑別所に収容され、今度は施設には戻されることなく児童自立支援施設送致となりました。

二度目に保護されたときの調査面接では、少年はふてくされ、反省の言葉や被害者への謝罪の言葉はなく、怒りと憎しみに満ちた表情で施設職員を非難し「殺してやる」と息巻き、それでいながら「施設に戻りたい」と無理な要求をしました。少年が生きてきた状況はあまりにも苛酷でしたが、それはそれとして、このときの面接では、甘い顔は見せずに厳しく叱ることに終始しました。「二度と悪いことはしないという約束を守れなかったのだから、もとの施設に戻れないのはやむを得ない。自立に向けて新しい環境で頑張りなさい」と指導する調査官に、少年は悪態をつき、それでも面接の終わりには必ず次の面接を要求し、行けばまた同じようなやりとりになり、やがて審判の日を迎えました。少年は決定を言い渡された後も「嫌だ。行きたくない」と抵抗を続けました。

その後のことが気になっていたところ、数ヵ月後に少年から手紙が来て、「頑張っているので会いに来てほしい」ということが書いてありました。行ってみると、別人のように柔和な表情になった少年がそこにおり、施設内での課題のひとつひとつにまじめに取り組んで自信をつけ、当初の予定より早く社会に出て就職できることも決まっていました。「この先もさまざまな困難があり、不適応を起こすこともあるだろうが、よい方向に向かっている」という手応えは感じられました。意外な変化でしたが、苛酷な現実を背負っていかなければならない以上、無い物ねだりをするより、社会に出て生きていく力をつけなければならず、自分のプライドを守るために必死の自己主張を繰り返していたその少年には、辛い現実を乗り越えていくだけの底力が備わっていたのだろうと思われました。

この話のあとの休憩時間に、村瀬先生は『黒川さん、少年を叱るんですか？』と、からかうような笑顔で質問され、後半の対談の冒頭には次のように話されました。

人として同じようにこの世に生まれてきて、天は二物を与えずという言葉がありますが、二物どころか三物も与えられた人がいるというのに、このような境遇に生まれたということは不条理そのものです。このような子どもさんに、与えられた現実を受け入れて生きていくしかないとして「叱る」ということは、そこのところだけ聞くと、世間で少年事件の処遇の仕方が甘いと言われている流れを受けて、「何でも強く叱ればいいのか」と思われかねませんね。

先生は「言葉の本来の意味が相手に伝わるようにするには、何が大事なのか?」と問いかけられ、『厳しい言葉でもそれが相手に浸透し、本人のなかにそのときすぐには根づかなくても、ある時間を経て意味を持ってくるようにするには、どのようなことが必要なのでしょうね……』と言われました。

先生のからかうような笑顔の意味は「すこし説明不足ではないの?」ということだったのでしょう。ただ叱ることが良いことだと誤解されかねないような不充分な説明だったと反省し、厳しく叱るための前提について、改めて考えてみました。厳しい言葉を投げかけるまえに、彼の生きてきた凄まじい現実を受け止め、その痛みを知ろうとした過程があったはずで、「厳しいことを言っても大丈夫だ」という感触を得たうえで叱っていたのだと思います。その「大丈夫」という感触はどこから生じるのかと考えてみると、少年が非行に至った理由がある程度は理解できたからではないか、と思い当たりました。

その話をすると先生からは、『理解』という言葉は、そもそも何を指すのだろう?」という疑問が示され、それに代わるものとして「想像力」という言葉を使われました。その子の生きてきた現実がどういうことなのか想像することと、単に事実だけを観念としてとらえることとのあいだには、報告書の文面だけ見れば同じでも、大きな違いがあるのだという御指摘は、納得のいくものでした。

「刑務所で生まれた」という事実は、紙に書けば一行ですが、その背景にあること、「この子は物心ついたときに自分の生をどう受け止めてきたのか」というようなことを、おそらくあなたは一杯お考えになったんじゃないかと思います。そういうことをしたうえで、その子の痛みや悲しみや世の中の不条理に対する怒りを十二分に知ったうえで、「でもそういうネガティブな気持は結局、それを持っている人自身を食いつぶし、周りの人も傷つける。だからそれは得策ではない」ということを厳しく伝えるときに、それは相手にとって、たとえ厳しく強い表現であっても、これは自分に対して発せられた言葉だというふうに響くのではないかと思ったのですが……違いますか？

本当にそこまでのことが自分にできていたのかどうかは疑問ですが、それはさておき、何が大事なのかが明瞭になった気がしました。少年の生きてきた辛い現実をしっかりと受け止めることなく発せられる言葉は、少年の中に浸透していかず、正論を突きつけて厳しく叱責したからといって、簡単に更生に結びつくわけではありません。厳罰を求める世間にはなかなか理解されにくい部分かもしれませんが、真に「効果」ということを考えるなら、それは常に念頭においていなければならないことだと思います。

家族との面接で出来ること

少年非行の問題はとりもなおさず家族の問題であるわけですが、調査のなかで親と会うのはせいぜい一回か二回です。このなかで何が出来るのかということが話題になりました。

サイコセラピーでは、「何回続くか、とにかくやってみましょう」という自由な感じで面接を始めて、「終結にしましょうか」ということになるまで続けるのですが、調査官の面接は回数も限られていて、しかも、「この少年の事件にどう対応し、これからどのように処遇したらよいか」ということに役立つ意見を、具体的な根拠をもって「なるほど」と説得力があるような意見を、書き上げるために面接をされるわけです。それが主たる目的でありながら、その傍ら、今日のお話のように、面接のなかでの出会いがあり、例えば親の子どもに対する態度が変化するといったことがあります。サイコセラピーでも本来は面接をだらだら続けるのがよいのではなく、さらりと、何気なく、負担が少なく、しかも核心の部分に影響を及ぼすというものが望ましいわけですから、調査官がやってらっしゃる面接というのは、ある意味で理想型を凝縮してやらなければならないような面接だと思うのですが、家族に会われるときにどういうことを考えてやっていますか?

これは調査官が抱える永遠のテーマです。ずっとそのことを考えてきたにもかかわらず、いつまで経っても難問は難問のままです。保護者面接ではどのようなことを心掛けているだろうかと考えてみて、次のようなことをお話ししました。

親のスタンスというのは一定ではなく、非行の原因を知りたくて何でも包み隠さず話してくれる親もあれば、少年に不利なことは言うまいと身構える親、施設に入れてくれと突き放す親、どうしたらよいかと助言を求める親と、さまざまです。でも、子どものことで困っているということでは共通していますから、一番考えるのは、「この少年の非行の原因についてできる限り理解し、そしてそれをなるべく親に伝えたい」ということです。それまで誰にも相談できなかった親は、専門家としての調査官から何らかの示唆を受けたくていろいろ話してくれるわけですから、一方的に事情聴取されただけということにならないよう、なにかひとつでも、親がこれから子どもに向かうとき、それを頼りに頑張って行こうと思えるようなことが伝えられればと思っています。

これも考えてみれば誤解を生みそうな説明で、「これが原因ですよ」「こういうことに気をつけてください」と、裁判所の権威を背景にして親を「指導」すれば済むのか、と思われてしまいそうです。そのようなことで親が変わるようなら、それまでにどこかで指摘されてとっくに変わっているはずなのです。相手に伝わっていかない言葉をいくら発しても、それは自己満足以外のなにものでもありません。世間は親の責任を厳しく追及することを求めますが、それで本当に変わるのか、という効果の面にはあまり関心が向いていないように思えます。親の話に耳を傾ける、支えるなどという言葉が使いにくいような雰囲気さえ感じられる昨今ですが、こういうときだからこそ丁寧な説明が必要だったと思います。

親が少しでも子どものことをわかり、自信をもって的確に指導できるようになるためには、伝え方の工夫が必要です。「子どもがうまく表現できなかったものを、調査官が言葉にして伝えていく」ということを先生は指摘されました。親には見えていなかった少年のポジティブな面、反発しているだけのように見える少年の親への隠れた思いなど、下手な伝え方をすれば「他人になにがわかるか」と反感をもたれかねないような内容をいかに上手に伝えるか。その出来次第で親子関係が変わってきます。「これまでわかっていたはずのことを別の角度から見ればこうだ」というふうに気づいてもらうために、使い古されたような表現でなく、なるべく新鮮で印象的な言葉を選びたいと思います。また、面接のなかで、親がちょっとユーモラスな表現をしたり、これまでになかった肯定的な捉え方をしたときなど、そうしたさりげない変化を見逃さずに話題にし評価するといった積み重ねが必要なのだと思います。

それと同時に、親に何らかの明確な指示をすることもやはり必要です。『子どもが非行をした、社会に迷惑を掛けた、ということは親にとって大変なことで、相談相手もなく追い詰められている親に「具体的にこうすればよい」「これが留意点だ」ときちんと言うことも大事で、それで親は救われるのです』と先生は言われました。子どもの非行に落ち込んでいる間もなく、仕事を休んで警察や裁判所や鑑別所に駆けつけねばならず、被害者にも謝罪しなければならないという、どこから手をつけたらいいのかわからないほど問題山積の状態にある親にとっては、たしかに、明確で具体的な支持ほど有り難いものはないでしょう。

子どもが犯した事件を審判の場などで生々しく再現されると、親はショックを受けますが、否応なく子どもの現実に直面することは大事です。うろたえてしどろもどろになっている親や、子どもためにも必死で頭を下げている親の様子を、子どもが目の当たりにすることも意味があります。それは審判という特別の場でなければ経験できないことであり、こういったチャンスを充分に生かし、家族を再生させるきっかけとなるように援助するのが調査官の役目のひとつだと思います。

焦点が合うということ

調査官が行う少年面接は、少年が望んでするものではありません。それにもかかわらず、非常に踏み込んだ内容について話し合わなければならないのです。

そもそも考えてみると、自分のこれからの行く末を大きく左右する決定がなされ、しかもそれは自分の希望に反する決定かもしれないというなかで、決定の内容について意見を言う立場の人に初めから親近感を抱く少年はほとんどいないでしょう。親御さんにも警戒心があるのは当然で、治療機関や相談機関を尋ねるのとは違って、非常に不本意な思いで来られるでしょう。そういうなかでも相手が納得してくれるような面接の秘訣は何でしょうか？

そのような状況にもかかわらず、少年や親が初対面の調査官にいろいろと打ち明けてくれるのはどうしてなのだろう、と改めて考えてみました。

呼び出されて、いやいや来ている割には、少年は面接への抵抗は少なく、むしろ進んでいろいろ話してくれます。誰かに一対一で自分のことだけをじっくり聞いてもらえる機会が日頃あまりないせいでしょうか。

先生は「自分に焦点が合っている」ということについて指摘されました。

親子で一緒に出掛けるなど、よく関わっていて会話も多いという家族はありますが、「いま、あなたに」とか、「いま、何々ちゃんに」というふうに、短くてもピタッと焦点の合ったやりとりをするというのは、日常生活ではなかなかないことで、調査官の面接はそこが新鮮だったのではないでしょうか。

少年はいろいろな思いを断片的に話してくれますが、物事を深く考えたり順序立てて考える習慣がないので、まとまっていません。そこをうまくリードしてやると、話しながら気持が整理されたり、もやもやしたものがすっきりしてくるということはあるようです。自分の中にある漠然とした不満が何なのか、家族の問題とどうつながっているのか、など、少年自身が発見できるような面接ができればと思います。

「面接に臨むときに、あらかじめ非行類型のようなものを念頭に置いたり、一定の枠組みに当てはめようとするのではなく、今ここにいる少年に集中し、新鮮な発見をしていくことがとても大事だ」というお話もありました。事件記録を読み込んで調査仮説を立て、それを検証していく、ということを我々は訓練されますが、経験を積むにしたがって仮説にとらわれず柔軟に面接に臨むようになります。少年や保護者と新鮮な出会いをし、そこで発見したことが少年の更生の契機となるような面接をするためには、感覚を研ぎ澄ませ、想像力を駆使して面接に当たることを心がけなければならないと思います。

「調査官が、自分と切り離して面接するのではなく、自分のことに引きつけながら聞いていくことの大事さ」も話題になりました。自分とは全く無縁のこととして「こういう非行の原因はこうだろう」とただ解釈しても、面接は深まりません。一見自分とは全く関係ないようでも、人間のすることである以上、たとえわずかにせよ万人に共通する要素が必ず含まれているものであり、まして親子の問題となれば、「これは自分のことではないか」と思い当たることもしばしばあります。それを意識しながら面接することが大切なのだと思います。

希望をつなぐということ

「どうしても親の態度が変わらなかったり、親自体に問題があって少年にとって支えにはなり得ないような場合は、どうするのか?」という質問がフロアからありました。事後の感想文からも、この点に特に関心が集まったことがうかがえます。

恵まれない家庭に育った少年を見ると、「非行は本人だけの責任ではないのに……」と、やりきれない思いをすることがありますが、同情をしてもなにか改善されるわけではなく、結局、与えられた条件のなかでよりよく生きていくしかないのだと思います。小さい子どもの場合と違って、少年は自立する時期にきているので、自分の力で生きていく力をつけさせることができます。少年院で矯正教育を受けるあいだ待っていてくれる家族がいないというのは、たしかに辛く心細いことですが、現実の家族とは別に、少年のなかの家族のイメージというものがあり、それを大切に守っていくことだけでも希望につながるのではないでしょうか。「いまは駄目でも、いつかは親が受け止めてくれる」という期待をもって頑張ることはできるし、「自分が親になったときはこうしよう」と思い描くことでもいい。背を向ける親を深追いしたり、とことんまで恨みを募らせることをせず、希望をつないでおくような知恵が、少年にはあるように思います。

母親に捨てられ、何度も裏切られてきたある少年は、さんざん恨み言を述べていましたが、最後には『親としてはもう期待しない。でも、いつか大人になったら、ひとりの人間として会いたい』という言い方で距離を置き、母を否定しきってしまうことを避けました。

またある少年は、親に多大な迷惑を掛け、修復不能なほど親との関係が悪化して、逮捕後は親の面会もなく、見捨てられたようになっていました。調査官の説得で、うつ状態となった母が審判だけには来たものの、泣いているばかりでほとんど発言はできず、拒否的な姿勢も変わりませんでした。裁判官は、かつて少年がまじめに働いていたわずかな期間に母が作ってくれたお弁当のことを話題にし、少年は母の前で『おいしかったです』とひとこと言って涙をこぼし、感謝の言葉を述べて少年院に行きました。その後も親の面会はなく、手紙を出しても返事もないという困難な状況はそのままでしたが、少年はなにがしかの希望を抱くことができたのではないかと思います。

どんな家族であっても、家族との絆は、いろいろなかたちで生きる支えになっています。少年はひどい親にもどこかしらいいところを見つけて期待したり、行方不明の親について夢を描いていたりします。自分が何かをしてもらうより、自分が親に何かしてあげることが喜びになる場合もあります。小さいときに可愛がってくれなかったと恨んだり、親にあれこれと要求しているあいだは、何をしてもらっても満たされなかったのに、自分自身が力をつけて親を助けられるようになると、親のために役立つということで、満たされ、安定していく。そのような例を見ると救われる気がします。どんなにでたらめな親とのあいだにも、他人にはわからない親子の絆があり、子どもの成長にとって親の存在はとても大事なのだと思います。

（二〇〇四年五月十八日――大正大学大学院にて）

かかわりの視点と　その実際

第三章

介護とケアの連携

――〈高齢者〉支援のありかたを問う

竹中星郎

竹中星郎氏はわが国における高齢者精神医学の文字どおり第一人者でいらっしゃる。氏は「高齢者の臨床とは応用問題だが、昨今の高齢者の医療のケアは老いを外側から見ているだけではないかと思う。老いとはそこだけが切り離されてあるのではなく、いかに生きてきたか、生きているかを見なければ理解できないのに、評価とマニュアル、テストと画像（CT、MRIなど）が主流である。それはちょうどDSMによる精神医学が隆盛を極めたころに、『精神なき精神医学』と囁かれたのと同じ現象である」（『高齢者の喪失体験と再生』青灯社・二〇〇五年）と喝破されている。

本章では、人間に対する尊厳を基底に据えた高齢者とその家族へのかかわりについて、具体的にさまざまな視点から論じられている。「焦点化」にのみ偏ることなく、問題の背景、それがどのような時間の流れのなかで生じてきているのか、どういう方向へ向かうことが当の高齢者はじめ、周りの人々にとって、よき生へと向かわせるのか、について真に現実に裨益する多面的な示唆が本章に記されている。

一般に精神科臨床や心理臨床で「家族の病理」を論じるのは、患者の心的問題の背景を理解して治療に結びつけるためである。ところが高齢者ケアでは、介護の担い手である家族をサポートする必要から、家族間の病理をも呑み込むような複眼的なかかわりが求められる。

はじめに

介護とはそれがなければ生活できない営みである。つまり介護(ケア)は麻痺や痴呆によって生活障害を生じた人への生活サポートのことである。家族は高齢者の生活を支えるために、「いつまで」というゴール設定のない介護を担うが、一方で自分の仕事や育児・家事などを抱えている。そして狭い空間のなかでこれまでより濃厚な関係になるために、これまで潜在してきた問題が表面化したり、新たな問題が生じることもある。こうして介護家族の「自分たちを理解してほしい」という思いは痛切になる。こうして高齢者ケアは、高齢者だけでなく、家族もふくめた生活にかかわることが求められる。

ある女性は「介護は自分なりのかかわりでいい」という話を聞いて、『痴呆の義母を介護しているが、それまでにされてきた仕打ちを思い出すと、優しくできない。本には「そういう介護は痴呆を進める」と書いてあるので、自分を責めてきた』と泣きながら語った。彼女に「正しい介護」を説くことができるだろうか。

そこには彼らの生活の歴史が見える。介護とはそういう問題である。それなしに生活できない介護の関係では、高齢者にとっては依存が、家族にとっては責任が生じる。介護（ケア）はそれ自体の議論に埋没しがちだが、真の目的は、それによって自分らしく生きること（自律）である。そのためには、それぞれを「理解」し合い、「自分なり」を認め合う必要がある。高齢社会での自律 autonomy とは、高齢者にとっては、限られた時間を自分らしく生きるための介護を必要とし、家族（次世代）にとっては、高齢者を支えながら自分たちの生活を高めていくことである。自立 independence（人に頼らずに生きること）ではない。

　生活の場では、高齢者を理解する／しないにかかわらず、介護は為されている。しかし理解できれば、家族の混乱や不安は解消し、介護のレベルアップにつながる。そのために治療者やケアスタッフは、家族の思いや家族内の問題にも目を向ける必要がある。それに対して高齢者ケアでは、家族を含めて生活をとらえ、家族を支えることが求められている。家族を理解することを求められるのは、家族関係の調整や治療のためではない。家族が高齢者の状態を理解できずに混乱したり、先行きに不安を抱いたり、介護をめぐって他の家族との葛藤があるときには、専門家として問題を整理して、家族が解決できるまで見守る。そこに求められるのは〝支持的精神療法〟のスタンスである。

　なおここでは、「介護」という場合は家族による介助、「ケア」という場合には医療・福祉スタッフによる医療や生活の援助という意味に使い分ける。前者における高齢者と家族の関係や介助は日々の生活という日常性であり、後者のそれは非日常的な関係を基盤にしている。この違いをふまえることが、ケアの専門性を考えるうえで重要である。

高齢者ケアの特異性

高齢者の介護は一年、二年、ときには十年以上といった長期にわたるため、家族は介護を中心に生活するわけにはいかない。仕事や育児、社会的な活動、趣味などの自分の生活を抱えているからである。そのうえ嫁姑関係に象徴されるように、高齢者と家族の関係は、価値観や人生観の違いだけでなく、経済的な条件や生活形態（同居か別居かといった）、親子と夫婦関係などが錯綜している。そこに至るまでの長い歴史がある。互いに自立していたあいだはそれぞれが自分の世界（仕事や趣味、友人など）をもつことで支えられていたが、介護する／されるの関係になると、それまでの平衡が崩れる。そして密室化してお互いの距離は近くなり、確執や齟齬は表面化しやすくなる。こうして精神症状や異常行動を生じることもある。このような状況の特異性をふまえて、介護している家族の生活や心理に目を配る必要がある。

高齢者と家族

一九九八年の統計によると、高齢者のいる世帯では単身または夫婦のみの世帯が四五%を超えている。残りの半数は二世代・三世代世帯ということである。そして介護施設や老人病院などで暮らす高齢者も増加している。生活形態だけでなく介護者も多様化している。高齢者世帯では、配偶者が主たる介護者であっても、近くに住む嫁や娘が二人を支えたり、ヘルパーが入っていることが多い。介護が必要になって子どもの家族が同居する場合もある。高齢者は歳をとってから新しい生活環境に適応することを迫られ、息子（娘）は子どもの養育を終えた時期に親の介護という重い課題を担うことになる。そこに別に暮らしている子どもや隣人が関与する場合もある。こうして何人もが生活にかかわるために、新たな人間模様が生じることになる。このような経過や錯綜した関係が個別性の背景になっている。それをふまえたかかわりのポイントを記す。

①主たる介護者を見定める。生活を共にしている家族がいる場合は、それが中心である。配偶者が主たる介護者の場合には、彼らを支えている家族やヘルパーは主たる介護者に準じる。それに対して別に暮らしている家族は、同居家族のサポーターであって、主たる介護者ではない。

②高齢者夫婦の関係には、数十年におよぶ生活の重みがある。はたからは歪んだ関係にみえても、それで平衡を保っていることが多い。例えば、夫が妻を怒鳴ったりバカ呼ばわりしても妻は聞き流している、など。彼らの関係では、それは今に始まったことではないのである。

③高齢者は妻（夫）に生じた問題（痴呆や精神症状）を正確に認識することが難しいというのも事実である。戸惑ったり怒りながらも世話をしている姿はきわめて人間的である。周囲の者は、痴呆をいかに認識させるかではなく、一緒に暮らしている配偶者のかかわりを肯定して二人の生活を支える。

④高齢者ケアでは、家族のほうに力点を置かなければならない場合もある。例えば痴呆高齢者の精神症状や異常行動が、家族による訓練によって生じていることがある。これ以上痴呆を進めないようにという家族の思いが、高齢者を追いつめてカタストロフ反応を招いてしまう。そのために家族はますます精神的なゆとりを失う。このような場合には家族のかかわりの問題点を指摘して、彼らの生活を支えていく必要がある。

ケアとは

介護（ケア）は、病気へのかかわりである看病（看護）と対比すると、その特徴が浮き彫りになる。病気では主導権は医療スタッフにあり、家族は不眠不休で看病にあたる。治療に必要な期間は一ヵ月などと期間が限定されていて、治れば解放される。ターミナルケアでも、三ヵ月、半年といった限られた看取りである。そのため全力でのかかわりになる。

ところが介護では主人公は本人と家族であり、いつまでというゴール設定がない。十年余にわたることも少なくない。そのため不眠不休では長続きしない。そして介護者には自分たちの生活があるために、生活のすべてが介護というわけにいかない。全力投球は禁忌である。ケアスタッフはこのような家族の生活を視野に入れていることが大切である。

以上の特徴をふまえてケアのポイントを指摘すると、次のようになる。

①生活指導や関係調整をしない――ケアスタッフの役割は、高齢者と家族の生活スタイルを尊重してそれまでの生活が続けられるようにすることである。彼らの人間関係や価値観・人生観を理解するためには、生活史など彼らの歴史を知る。スタッフの価値観や生活スタイルをもちこんだり、家族の関係が歪んでいるといって介入したり調整したりしない。彼らはそうして生活してきたのだと受け止める。

②家族の世界を大切にする――介護している家族が自分の仕事や育児、ボランティアなどの社会的な活動、趣味を通しての交流、観劇やコンサートなどをこれまでどおり続けられるようにサポートする。介護が生活のすべてというあり方は不適切である。

③生活の場に訓練をもち込まない――生活の場に医療や訓練（リハビリテーションなど）をもちこむと、家族にとっては、介護以外に新たな役割を背負いこむことになる。そして本人にとっては、家がくつろぎの場でなくなってしまう。それが必要なら、病院やデイサービスのリハビリテーションを利用する。それは本人の生活空間を広げることにもなる。

④介護の社会化――介護で「家族」という場合には、同居か近くに住む主たる介護者（多くは娘か嫁）を指している。遠方に住んでいる子どもたちは、介護に直接かかわらないでいるか、主たる介護者のサポーターという立場である。「介護の社会化」という言葉は、介護保険を導入する過程で強調されたが、家族介護にヘルパーが参入するという矮小なものだった。国や自治体など公的システムによる福祉国家とは別の道を歩みはじめた。本来の社会化とは、次世代がケアに責任をもつことである。具体的には、公的なシステムによって、親子関係や同居に縛られている家族を介護から解放し、家族は自分が住んでいる地域のシステムに参加して介護にかかわる。本人と家族が在宅介護を希望する場合は彼らの生活をサポートする。

高齢者から見えてくる家族の問題

老年精神科の臨床では、高齢者の心理的問題を通して彼らの生活が透けて見えることが多い。家族を含めた複眼的な視点が求められる所以である。そのことを事例を通してみていく。

事例① 八十歳の女性――攻撃的な焦燥の強いうつ病

彼女は関西のある地方の旧家に嫁いで一男一女をもうけた。夫はその地方の名士で、彼女も社会活動に積極的に参加して人望が篤かった。十五年前に夫が亡くなった後も一人暮らしだったが、二年前に家政婦が亡くなったため東京の息子の家に同居した。息子は商社社長の一人娘と結婚して、四十歳にときに義父が死亡したために会社を継いだ。

息子夫婦の子どもたちは結婚して家を出ている。彼女は広い屋敷の二階の二室をあてがわれ、息子夫婦は一階に住んでいる。東京には知人はいない、好きなゴルフに行くこともできない。嫁は日中家にいることが多いが、ほとんど自室にこもっているため交流がない。食事は嫁が部屋の前まで運んで声をかけて置いていく。食べ終った食器は廊下に出しておくと嫁が片付ける。息子は帰宅したときに部屋を覗くが、夜十二時を過ぎて帰宅することが多く、顔を合わせるのは月に二、三回である。

そのような生活のストレスで不眠、抑うつ的となり、半年後には不安焦燥が強まり、夜中に一階に降りて息子や嫁に怒りをぶつけるようになった。精神科を受診して、うつ病と診断され入院、薬物治療などにより症状改善して二ヵ月月後に退院して外来治療となった。しかし生活状況は変わらないために、本人は受診のたびに孤独の辛さと寂しさを語って帰る。

ところが三ヵ月後に嫁が「私の話を聞いてほしい」と申し出た。そのときの彼女の話は次のようなものであった。――五年前に乳ガンの手術を受けたが、術後障害のため、家族の食事の支度をする以外は、自室で本を読んだり刺繍を編むほかは横臥していることが多い。知人との交友も絶っていた。そんなとき、母思いの夫から「義母を引き取りたい」と言われて、自分には無理と思ったが反対できなかった。義母が今の生活に不満なのはわかっているが、自分としては精一杯のことをしている、そのことを主治医にはわかってほしいという訴えだった。

その後も生活状況は変わらなかったが、老女は心理的には安定していた。二年後に嫁の乳ガンが再発したために、彼女は特別養護老人ホームに入所となった。そこでは「寂しい。歳をとってこんな目にあうとは思わなかった」と語りながらも、淡々と老人ホームの生活に適応して、五年後に亡くなった。息子夫婦は毎週一回、老人ホームを訪れたという。

この事例は、老年期に求められる適応の厳しさを示している。恵まれた生活を送ってきた女性が息子の家に同居してから「共同生活の孤立」という厳しい現実に遭遇して、うつ病になった。それを精神的な虐待だと指摘することもできるが、息子夫婦にとっては多忙な社長職と身体的障害を抱えながら「精一杯」の世話をしてきたとみなすこともできる。それが彼ら三人の生活状況なのである。臨床では往々にして家族の生活が見えないことがあるが、この事例でも、嫁から話を聞くまでは、彼女の立場で考えることはなかった。

治療者の役割は、被害者／加害者の構図でとらえることではない。息子夫婦を含めて支えていくことが、彼らの生活を保つ力になる。患者は嫁の病状の悪化で特別養護老人ホームが終の住み処となり、そこでの適応が新たな課題になった。彼女にしてみれば、八十年余の人生のうち最終の十年間は新たな状況への適応の連続だったということである。

このような家族の問題は医療や福祉で解決できる範囲を超えている。しかし治療者やケアスタッフの存在は、高齢者や家族にとってそれぞれの苦悩を受け止める第三者がいるという点で、表面的であれ家族関係の平衡を取り戻す意味があった。歪んでいようと問題を抱えていようと、家族というかたちでの生活を回復しうることを物語っている。治療者やケアスタッフには、問題解決できなくても彼らの傍らいることが求められる。そこでは、よく言われる「相互理解」や「関係調整」は必ずしも意味をもたない。

事例② 六十五歳の女性――寝たきり（脳梗塞）の夫に対する虐待行為（娘からの相談）

彼女の夫は古い商家を継いだが、放蕩三昧で家に寄りつかなくなり、彼女が店の経営や両親の世話、育児などを切り盛りして、夫の女性関係の後始末までやった。その夫が二年前から脳梗塞を繰り返して、両側麻痺・全失語の状態となった。彼女は店を娘夫婦に任せて、夫につききりでをかいがいしく介護した。ところが介護の合間に、つねったり、顔を叩いたり、煙草の火を押しつけたりするため、娘は父親を入院させて引き離し、母親を精神科に受診させた。

彼女は自分の行為について次のように語った。――夫と結婚して二児をもうけたが、水商売の女性と関係をもつようになってから外泊するようになった。しかし自分は夫を愛していた。「家を守っていればいつか帰って来る」と信じて耐えてきた。二年前に夫が脳梗塞なったときは「これでやっと自分のものになった」と思った。夫がいとおしくてならず、介護は苦でなかった。しかし傍にいると、昔の辛かったことを思い出して、怒りを抑えきれなくなって、夢中で叩いたりつねったりしてしまう。「悪いと思っている」と言いながら悪びれていない。

この事例も「高齢者虐待」と言われるかもしれない。しかしそこに至る歴史をたどると、彼女が夫から精神的な虐待を受けてきたことが見えてくる。彼女は少量の精神安定薬と感情調整薬で「気持をコントロールできるようになった」と言い、夫の入院中は付き添った。しかし夫が退院して家に戻ると、娘の介護やヘルパーを断ってまめまめしく介護する一方で、加害行為も再燃したという。二年後に夫が亡くなると「この五年間で私は満足できた、もう薬なしにやっていける」と語って外来受診の終結を宣言して、娘との交流も絶って自室に引きこもる生活になった。

在宅介護は、本人と家族の関係が濃厚で密室化しやすいために、問題が生じると先鋭化しやすい。アルツハイマー病の母親を自宅で介護している家族は、着衣失行が始まったときに「これ以上進まないように」と着替えの特訓に取り組んだ。その結果、母親を異常行動（弄便）へと追いつめてしまった。それも「虐待」といわれるが、介護では家族も追い詰められているのだ。

家族へのサポートの基本

治療者やケアスタッフが介護している家族をサポートする場合にふまえておくべき基本的な事柄を記す。

ケアとは「その人にふさわしい生」を支えること

ケアでは、本人と家族がそれまでどおりに生活できるようにサポートするのが基本である。むやみに彼らの生活に介入したり、求められていないのに生活指導や関係調整をすべきでないことは前に述べた。また、高齢者に自立や自助努力を説くのは見当違いである。八十歳・九十歳で自立している人は、介護やサポートを求めたりはしない。しかし彼らでさえ、寝たきりや痴呆への不安は大きい。心身の平衡の基盤はもろい。それが八十歳・九十歳の特異性である。高齢者が自律的に（その人らしく）生きられるように支えるのが、介護でありケアである。

介護では、本人と家族の関係は「互いに自立していた関係」から「責任と依存の関係」に変化する。つまり、家族は介護を放棄できず、高齢者は介護なしに生活できない。これまでの関係性の平衡はいったん崩れて、新たな平衡の構築までには（口に出さなくとも）両者にはさまざまな心理的な影響がある。

治療者にはそれぞれの立場で考えることが求められるが、なかでも高齢者の理解には、老年期の心性に知識が不可欠である。それは例えば、家の改築は、高齢者にとっては旧い家が壊される喪失体験であり、息子にとっては新しい家の生活設計に価値を見いだすように、一つのエピソードが世代によって異なった意味を生じると思い至ることである。高齢者の精神症状や異常行動の大半は、このように高齢者の立場で考えてみれば、心理的な反応として理解できる常識心理学の範囲内のことである。

家族へのかかわり

①本人と家族の生活のすべてを肯定する――生活の場でかかわるケアスタッフは自分の生活スタイルや価値観をもち込んだり押しつけてはならないことはすでに記した。ところがケアスタッフや保健医療スタッフが、台所が汚いとか、せんべい布団は非衛生的だ、と「生活指導」したり、嫁姑関係がうまくいっていない、といって「関係調整」する光景は枚挙に暇がない。それが善意でなされるために、問題ということに気づかない。大切なのは、彼らの生活スタイルや人間関係にはそうして生活してきた長い歴史があるということをふまえて、そこに踏み込まない節度を保つことである。

②家族の世界を大切にする――介護では、家族にそれまでの生活にさまざまな制約が生じるため、人間

関係や精神世界が狭隘化しがちである。在宅介護の家族が強迫的な場合には、介護でも完璧を追い求めるために、疲れ果てうつ病になったり介護を放棄する「全か無か」の二者択一に追い込まれやすい。介護では「全力投球しない」「自分の世界をもつ」ことが、続けるための原動力になる。

③ 開かれた介護――

多年代の交流　前述したように、介護が必要な状態では本人も家族も、自由な外出や人間関係の交流が狭められる。そのため、ケアスタッフがかかわることは家族にとって大きな精神的な支えとなる。またデイサービスやリハビリテーションは、家族にとって介護から解放される時間であり、本人にとっては家以外の生活の場でさまざまな人々と触れ合うことができる機会となる。小さな子どもとの交流は精神的にかけがえがないものだが、現状は、さまざまな年代とのふれあいが少ない。

ケアスタッフも、高齢者や痴呆ケアに特化しているのでは同じ陥穽にはまっている。さまざまな高齢者、さまざまな年代と触れ合うことで、ケアの幅を広げ自分たちのかかわりを検証できる。そのためには、スタッフのミーティングが活発に行われる必要がある。そしてボランティアを積極的に受け入れたり、家族との意見交流、さまざまな研修や研究会への参加といった取り組みを広げる必要がある。そしてスタッフが地域活動に参加することも大切である。

「その他の関係」（鶴見俊輔）　一人暮らしの高齢者が特定のケアスタッフを信頼して深く結ばれていることがある。高齢者にとっては、家族であるかどうかより、日々の生活に密着している関係に大きな意味がある。「その他の関係」とはこのような家族以外の関係を指していわれるが、それはネガティブなのではなく、歴史を背負っていない第三者だからこそわだかまりのない関係をもつことができる。むしろ家族が高齢者のよき理解者になるのは難しいと肝に銘じておく必要がある。治療者やケアスタッフは、治療やケアをしながら、課題を抱えている家族の「よき理解者」であることが求められる。

問題が生じたとき

介護やケアは年余にわたるので、いつもいい関係でいられるとは限らない。それが家族内のトラブルであったり、精神症状の対象になることもある。家族との間に感情の行き違いや価値観・人生観の違いで気まずい関係になる場合もある。また自分の家庭や職場でのトラブルや仕事の失敗の気持ちを引きずったままケアにもち込んでしまうこともある。しかしこのような問題は、関係の非日常性を考えるための絶好のテーマでもある。冷静に問題を直視して原因を考え、自分を点検することは、スタッフの専門性を高めていくことにつながる。

これは日常性を否定することではない。むしろ日々の生活にかかわるときに「自分らしさ」は大切にすべきである。ケアスタッフがマニュアルどおりのケアしかしないのでは、利用者は息が詰まってしまう。食事や入浴介助のときに家族の話や郷里のことを語り合えるような日常性は、ケアの基本である。しかし同時に、日常性に埋没してしまうと「自分なり」に陥る。これは、ケアの内容が日常的な熟練を要しない生活行動であるために自分なりでも通用してしまうので、気づきにくい問題でもある。そのため、ケアの特性（理解する、責任がある、検証する）と関係の非日常性を常に認識していることが不可欠である。そして、問題が起きたときには自分だけで抱え込まないことが次のステップに進むためには重要である。

具体的に、問題が生じているときの対応を考えてみる。

A　家族を支える

問題を整理する　家族が混乱しているときの治療者やケアスタッフの第一の役割は、問題の交通整理である。高齢者の異常な言動は一般に痴呆（「ボケ」）とみなされがちだが、そこには妄想や性格など非痴呆性の問題が多く含まれている。痴呆高齢者にも非痴呆性の問題が錯綜している。これらを痴呆による問題、精神症状、人間関係の軋轢、生活環境の変化、性格によるなどと整理して、精神症状は医療の対象、生活の問題は福祉、性格はもともとの問題などと区分けしていく。そのうえで、すぐに解決すべきことと、長期的な問題として解決を焦らないことを見極める。

高齢者は些細なきっかけで心身に異常を来す。それはさまざまな要因が互いに影響し合って平衡を失うためである。このように問題は複合的なので、きっかけになったエピソードだけでなく生活全体から多元的にとらえる必要がある。なかでも身体要因・薬物要因・社会心理的要因（生活環境や人間関係など）の三点は必ずチェックする。それぞれの内容は成書に譲るが、高齢者では生活環境の変化や人間関係の軋轢などの心因により心身の異常を来しやすいことは看過できない。なかには「日常的な生活のこんなことが……」と思うようなことが原因ということもある。「生活のなかに原因がある」というのはそういう意味である。しかし、嫁姑関係の軋轢や夫婦の性格の違いを心因とみなすのは、多くのばあい誤りである。このような長年にわたる葛藤は、伏線になっていることはあるにしても、現在の問題の直接の引き金になることはない。重要なのは、日々の生活のなかの非日常的なエピソードである（例えば法事や旅行、珍しい来客、家族の病気など）。

もう一つの重要なポイントは、「短期的に解決すべき問題か、長期的なテーマか」を見分けることである。例えば妄想やせん妄をかかりつけ医に相談したら、痴呆を在宅で介護するのは無理だから施設か老人病院に入れるように言われて、家族があたふたすることがある。この場合は、妄想やせん妄はすぐに治療が必要な短期的な問題であり、痴呆の親を在宅で介護するか施設に入れるかは生活にかかわる長期的な問題である。その区別がないと、性質の違う問題を同時に抱え込んで混乱は拡大する。そもそも主治医のコメント(「痴呆の在宅介護は難しい」)は彼の価値観を語ったもので、医療的な立場を逸脱している。

将来に対する不安

急性疾患に対して——在宅介護では、家族は不測の事態(なかでも医療的な問題)を怖れている。例えば、骨折や肺炎になったときに入院治療が受けられるか、など。そのために、万一のときの保証を求めて大病院の外来に通う。しかし大病院の外来は高齢者には不向きで、骨折や肺炎になったときには救急医療体制が対応している。万一に備えるためには莫大なエネルギーが必要だが、それが役立つことは稀なのである。

一日一日を大切に——このように高齢者の将来は、明るい展望は少なく不安が多い。しかし不測の事態の対策を考えているだけでは暗い気分になりがちである。大切なのは、万一のことをあれこれ考えるのをやめて、「なるようになる」と割り切ることである。医療やケアのバックアップを受けている多くの家族は、それ以前に大変な苦労を経験してきている。そのため「またそうなるのではないか」と怖れるが、バックアップがある状況ではそこまで追い込まれることはない。その輪廻から脱して、一日一日を大切にするようにと勧めたい。

在宅介護が困難になったとき改めて在宅か施設かを考える　痴呆が進んだり家族の仕事が変わったために介護の負担が大きくなると、家族は、仕事をやめるか入院や施設入所かの選択を迫られる。このような場合にはまず「介護は生活の一部である」という命題に立ち返って生活を考えるようにする。多くの家族は「仕事を続けるか、在宅介護のために仕事をやめるか」と悩む。治療者やケアスタッフは、選択に迷うのは当然であると、家族を支える。「これまで頑張ったのだから、力を合わせて」といった激励は禁忌である。ある家族は仕事をやめて介護を選び、別の家族は施設入所を決断するが、どちらも彼らのそれまでの関係や価値観による生活の変更であり、治療者やケアスタッフは彼らの決定を尊重する。

家族に治療が必要なこともある　介護の疲労で家族が不眠や心気的、抑うつ的になって、日々の生活に支障が生じたり、精神的なゆとりを失い他の家族に攻撃的になることもある。このような場合に「病的でなければ薬は不要」という通説にとらわれていると、家族への対応が後手にまわる。病気でなくても、不眠や不安、感情の不安定さは、少量の精神安定薬や睡眠導入薬、感情調整薬で改善して、自分を取り戻すことができる。医療や薬を利用することに臆する必要はない。

B　家族の問題

家族間のトラブル　別に住んでいる子どもたちの役割は同居家族の生活をサポートである。このことを強調するのは、別に住む家族が同居している嫁の介護や生活スタイルを非難したり、親との関係に介入してトラブルが生じる場合があるためである。それは同居家族にとって大きな苦痛である。スタッフがそのような問題に直面したときは、別に住む家族には、自分の家に引き取るか、さもなければ身内といえども他家の生活に口を出さないように助言する。生活に問題があっても、同居していることは重い。

老いを受け入れられない

社会として――高齢者にさまざまな訓練法や健康法が提唱されている。行政や政治などが介護予防という名目でそれを奨励している。しかしそれは、麻痺や痴呆について「ああはなりたくない」といって、老いの現実から目をそらしていることである。行政の目的は、介護保険の財政の軽減化であって高齢者のためではない。とはいえ麻痺や痴呆になるとその人らしく生きられない社会では「ボケ恐怖症」は広まる。一方、麻痺や痴呆になっても安心して暮らせる社会は、元気な高齢者にとっても住みやすいはずである。

高齢者として――「ボケ予防」活動に集まってくるのは、自分らしく生きることを見いだせない高齢者が大半である。彼らは課題を与えられると元気になる。しかし、高齢者が文字を書いたり日付けや住所などを覚えて、生活にどんな意味があるのだろうか。老年期の最大の課題は、限られた時間をいかに自分らしく生きるかということである。老いと死を目の前にして「何のために生きるか」「生きがいとは」と考えることは、これまでの人生を振り返りながら精神的な発達をもたらす。それに対して、大切な人生の最終段階を「ボケないために」と訓練にすがりついて生きるのでは貧しい。

家族として――年とった親の変貌を受容できない家族のなかには、「痴呆でない」という診断を受け入れられない場合がある。「病気だ、痴呆だ、と思えば我慢できる。あれが痴呆でなければ辛すぎる」という。そこには、現在の親の姿を受け入れられずに否認しながら、介護せざるをえない状況を痴呆ということで合理化している家族の辛い思いが見える。

高齢者による介護　高齢者が介護している場合には、痴呆について充分に理解できず、自分なりのやり方で介護していることが多い。家族は痴呆に悪い影響があると心配するが、それが数十年にわたって暮してきた二人の生活なのである。その一方で、妻のリハビリテーションに一所懸命に取り組んでいる男性によくある問題も見過ごせない。それは、家庭が治療や訓練の場となってしまい、安らぎやくつろぎが失われているからである。家族内に「治療者と患者」の関係が生じていて、リハビリテーションが介護する家族の生きがいとなっている。「妻が何を望んでいるか、どう思っているか」より自分の使命達成が目的になっている。しかしこの善意の男性を妻から引き離すのは、彼の生きがいを奪うことでもある。治療者やケアスタッフに求められるのは、当面は双方が追い詰められないように見守ることである。

家族は理解者たりうるか 治療者になりうるか　精神科臨床では、家族を治療しようとしたり患者を理解するように求めても難しいことが多い。にもかかわらず患者は治っていく。高齢者ケアでも、家族に理解を求めるのは、介護に加えて理解まで背負い込わせることになる。ケアの基本である「高齢者と家族がそれまでどおり生活できるようにサポートする」ように家族を支えていく。たとえ関係が悪くても、一緒に暮らして介護していることの重みを受け止めるべきであろう。むろん、専門家として不適切な点を指摘したり助言して、それを家族が受けとめて介護が改善するように援助するのは大切な役割である。

家族は怒ってはいけないのか　家族が「怒ってはいけない」「不安を与えないように」と信じているのは介護の指導書に書いてあるからである。しかしそれはケアスタッフの専門職としての心得であって、家族が感情を抑えないといけないわけではない。生活は自然体でいい。家族が怒ったからといって痴呆が悪化することはない。忘れている場合にはそれとなく話題を変えたり、失敗はさりげなく訂正するようにおおらかに対応するようになると、ゆとりある関係ができる。それに対して痴呆高齢者は、忘れたり勘違いしたことを指摘されたり訂正されると、傷ついたり怒ったりする。

生活環境の変化　「高齢者が不安になる、混乱する」といった理由で生活環境の変化を避けたり大切な人の死を知らせないのも、同じように不自然である。たしかに環境変化によってせん妄を来す場合はあるが、家族があらかじめそれを知っていれば、うろたえずに適切に対処できる。そして一、二ヵ月すれば新しい環境に馴染んでしまう。また、身近な人の死にショックを受けるのは自然なことであり、隠す必要はない。ショックを受けた人を支えることが必要なのである。高齢者はすでに多くの死と向き合ってきているので、意外なほどに淡々と受け止めることが多い。

C 家族のための危機介入

高齢者ケアでは、家族のあいだの緊張が高まったり衝突する場合がある。なかでも、別に住んでいる娘たちと同居家族の意見の違いから生じることが多い。ケアスタッフや治療者は原則として、生活を共にしている家族を支持する。

高齢者が訪れた娘に同居している嫁との軋轢を訴えることがある。そのような場合の娘の役割は、母親の話の聞き手として気持ちを受け止めることであって、一方の肩をもったり、仲介したり、問題解決に走らない。そのように役割分担を明確にすると、嫁は身内が受け皿としての役割を担っているとして安心できる。母親も娘の来訪を心待ちにする。さまざまな人がかかわって生活しているとはそういうことである。

ときには治療者の前で家族間の対立が表面化したり、高齢者と介護者が対立することがある。その場合には、双方がいるところで互いの意見を充分に聞く。そこに非日常的な第三者が介在する意味がある。家族どうしが冷静に話し合うことは、一般的に難しい。日常的な関係では話が枝葉にわたったり、聞いている途中で反論したり感情的に反応しがちである。相手の話を理解するまでじっくり聞くのは訓練がいる。ところが第三者に話すことでじつは当事者（他の家族）話しかけている。また相手が第三者に話すのを聞いていて、相手の言い分や気持をわかることができる。第三者を介して当事者どうしの話し合いが成立する。治療者は、問題の正邪を審判したり、価値判断を押しつけるのでなく、それぞれの考え方や価値観を整理して双方の違いを客観的に示す。それによって双方は冷静になることが多い。それによって、必ずしも理解し合えなくても、以前の平衡を取り戻すきっかけになる。

まとめ

高齢者ケアでは、彼らの生活をありのままに肯定して、高齢者と家族のそれぞれを支えることが必要である。介護が必要になったときには家族内の関係性は変化する。そこに悩みや葛藤、新しい問題などがたくさん生じる。しかし、それらのすべてを解決しなければ生活できないわけではない。むしろそれぞれが自分らしく生きることが大きな課題であり、治療者やケアスタッフの役割は、彼らがそのような力を回復するように援助することである。それとともに、介護を高齢者や家族の問題からだけでなく、社会の動向との関連やシステムに目を向けて幅広くとらえることが求められる。

第四章

関係性への心理援助

――これからの〈家族療法〉

中釜洋子

多くの場合、基本的に人は家族のなかで生まれ育つことを考えると、「家族」について考えることは、どこか、自分の生き方を省察することと重なるところがある。また、援助者が自分について適切な自己洞察をもつことが大切な心理臨床の営みにおいては、これは必須のことである。そういう自己洞察を基底においた家族についてのシステム論的アプローチは、クライエントの自尊心を大切にする姿勢が基盤にあり、決してメカニカルな技法論にはならないのではなかろうか。

中釜氏が「はじめに家族療法ありき」ではなく、臨床実践の積み重ねの過程で「家族を巻き込む大切さ」を自ずと自覚されるようになっていった、と述べられているのは大切な点だと思われる。それ故にこそ、氏の家族療法は操作的なところがなく、自然でしっくりその課題解決に即応しているゆえんであろう。

過去半世紀余のあいだに、家族療法は大きく進展変容を遂げてきたが、本章ではそういう家族療法の歴史的展開と今後の課題についても、わかりやすく述べられている。

「家族を視野に入れ、可能なら、できるだけ家族を巻き込んだ臨床活動を展開するのがいいと考えている。それが今の自分の臨床観。時間をかけてそんな方向がようやくはっきりしてきた。家族療法という理論モデルを選択したというより、この方向に進む布置が少しずつ用意され、それ以外の向きに動く気にはならなかったのだと思う」――しばらく前のこと、こんな発言をしている自分がいた。「精神分析、来談者中心療法、行動療法、家族療法と、臨床心理学にはいろいろな理論モデルや援助アプローチがあるのだけれど、自分の拠って立つモデルをそれぞれの人はどうやって選択するのだろう、何を手がかりに決めることが出来るのか」と、若い学生からまっすぐ見つめられ尋ねられた時のことである。上述の言葉が口をついて出、それにまつわるいくつかの記憶がこころのなかに浮かんだ。

はじめに

家族療法あるいは家族臨床へと私を誘ったものとして、三つの布石を挙げることができる。自分自身が腑に落ちるため、後から理屈づけて考えただけの話だが。いくつかのことが重なって、なかなか面白い方向へ流れてきたというのが現時点での感想である。それぞれの誘う力の強さに順番はつかない。迷いやこだわりは他にもいくつかあったが、いつの間にか解消されたもの、他に吸収されて小さくなったものありで、今では、これら三つを挙げたいと思うようになった。

第一の布石としては、家族について、カウンセラーである私の理解を深め動かしたいくつかの事例がある。クライエントの親に恐る恐る呼びかけたところ、クライエントの話とは似ても似つかない親が登場した、予想を裏切るいい成果が得られたなど、うれしい誤算を経験した。またその一方で、親への呼びかけに臆病になり、家族への対応が後手に回った事例があった。全員の負担がクライエントその人に注ぎ込むからくりを、手をこまねいて見る形になった。ほかにどうすることもできないと当時は考えていたが、果たして本当にそうだったろうか。答えの得られない疑問は続いている。モチベーションのない（とみえる）家族に働きかけるのは、カウンセラーの驕りだと自戒する傾向が当時の自分にはあった。謙虚さの名を借りた怠慢だったという反省が、家族療法を学ぶエネルギーになった。

第二の布石は、心理臨床を学ぶプロセスで繰り返し伝えられ、無視できないものとなった二種のメッセージである。カウンセラーは本来的に無力だというメッセージ。そしてもうひとつが、現実から出発していつだって現実に戻ってくるという理解である。カウンセラーが無力でなくなるとすれば、クライエントがカウンセラーの手をつなぎ返して自分の力を貸し与えるときだろう。クライエントのための、多くはクライエントが現実に戻るための面接室であってそれ以外ではあり得ず、クライエントの現実から目を逸らさず見続ける努力からだけ、適切な理解が出てくる、と続く。具体的な生活場面を思い描こうと想像をめぐらせ、クライエントが子どもなら、なるべく幼稚園や学校にも足を運んだ。周囲の人の話にも、それなりにこまめに耳を傾けた。矛盾した情報はなかなかひとつの理解にはまとまらず、職業的同一性が揺らいだり、診断概念の軽視や一本気ゆえの融通の利かなさ、思考停止などの迷い道に入り込んでは戻ってくることを繰り返すなか、クライエントその人を、周囲の場ごと捉えようと努めるのが、基本姿勢になった。これらは、どんなカウンセラー養成課程でも漏れなく言及されることだろう。手を変え品を変え繰り返し説かれたことに、改めて感謝の気持ちが涌いてくる。

第三は、人の生はこれほどに文脈から切り離せないのだと、私という中流階層出身の日本人の女性カウンセラーも次第に実感する臨床的・個人的布置のあったことである。自己選択の幅は、かつて想像したほど広くはなく、文化に規定され、ジェンダーに規定されたところに私たちの生活がある。選び取ったと思っていた視点さえ、与えられた文脈の中で作り上げられたものに過ぎず、それにも関わらず、悪びれる必要もなければ、虚無感に襲われる必要も全くない。私自身の微妙な世界観の変化を、近頃言われる社会構成主義と結びつけるのはたいへんおこがましい話だが、自分を軸にした一枚岩的見方から離れて、それぞれの人の眼鏡を通して見えてくる世界の様相の違いを意識するようになった。このような理解にたどり着くルートはいろいろにあるだろう。私の場合は、多少の挫折があったこと、女性だったこと、その土地の異質分子になって主流からたいそう外れたポジションに身を置く体験を通して初めて、こんな感覚が身に馴染んだ。いま振り返れば、複数の人を同時進行的に理解する合同面接のやり方は、この辺りからヒントを得るものだろう。

さて、この度、私が敬愛してやまない恩師のお一人である村瀬先生から、先生が編集する御本の一章に、家族療法理論について何でも好きなことを書いてよいという機会を戴いた。私にとってはありがたい、また、とんでもなく緊張する機会である。上手く言葉になるかどうか分からないが、一番チャレンジしたいのは、「発展史の検討を踏まえたうえで、家族療法のこれから」を展望することである。いずれの心理療法理論も、創始期に存在した豊かな発想の芽が、その後見事に芽吹いたり、王道を外れる方向への成長が生じて、見直し作業を経て原点に戻るという複雑な発展史を抱えている。家族療法も例外でない。否、例外どころか、他の領域以上に大胆に功罪両方向へと伸びた経緯があり、内部で相互批判が激しく展開したのも家族療法界だったろう。上述の流れで、私はこの領域へと足を踏み入れたが、混乱して腹が立ったり、やがてたいへん興味深いと感心したり、強い感情をいろいろに味わうことになった。自分なりの理解がまとまってきたのは、家族療法史を紐解き、文脈を離れてことの是非は論じられないこと、光の当て方、背景との適否によって同じ理屈がどのようにも姿を変え理解される可能性のあることをこの領域の発展史が身をもって語っていると咀嚼した後だった。万華鏡のごとく姿を変える余地は、この後にもひろく開かれている。違いを見分け良し悪しを判断する作業は、専門家集団の良識と利用者から寄せられるフィードバックに委ねるしかない。であるならなおのこと、学び手は、歴史を幾度も反芻するのがよいだろう。出発点、発展の時期に起こったこと、見直し作業ともいえる第二次家族療法の動きを簡単に後追い、その上で、今後の方向性について、私案を述べることを試みたい。

家族療法とは何か――個人療法との比較から

まず個人療法と家族療法の違いは何か。両者の一般的定義を書き並べ、家族療法のねらいとその特徴を明らかにしよう。

問題を抱えた個人を心理治療や援助の対象ととらえて、家族はその背景にあるものだと理解して行うのが個人療法である。それとは対照的に、家族療法は、家族というひとまとまりを治療や援助の単位ととらえたり、家族メンバー間の相互作用や結びつきの様態を問題形成やその維持に積極的役割を果たすものとして重要視するセラピーの総称である。

ニコルスとシュワルツ〔Nichols & Schwartz, 2004〕によれば、両アプローチの違いは次のように説明される。まず個人療法は、クライエントが不安に直面してもっと充分に自分自身になることを援助するためのセラピー枠組みである。家族生活がパーソナリティ形成に与える影響を個人療法家も考慮するが、それはクライエント個々人に内在化するものだと想定し、心理力動を行動コントロールの主要勢力だと理解する。それゆえ、個人とその性質に注目したセラピーを展開する。かたや家族療法は、主要勢力は外にある、つまり、個人を取り巻く家族にあるという立場に立って、家族構造の変化に専念する。外側が変わることで、個々の家族メンバー全員が変わると想定している。家族の変化が重要であり、そのほうが個人に生じた変化も長続きし、予防の役割を兼ね備えることが出来ると主張する。

いうまでもなく、前者の代表例としては精神分析があげられる。とりわけ、フロイトが性的誘惑説から一八〇度の転換を図って小児性欲説を誕生されたくだり、すなわち、個々人のこころの産物である心的現実こそが決定力を持つと考えるに至った経緯がたいへん重要である。それによってこころの構造が論じられ、その発達や自我を守るメカニズム（防衛機制）をはじめとする独特の概念や理解が数々生み出されることになった。が、それと連動して現実の家族は、治療を妨害する一要因とみなされてしまった。それゆえに面接室から追放され、セラピストとクライエント関係にもろもろの感情が持ち込まれるセラピー枠組みを守ることが何より必要と考える方向に、個人療法の多くは進んだ。

反面、家族療法を代表する理解としては、一九五〇年代、ベイトソンを中心とするプロジェクトチームが打ち出した二重拘束理論をとりあげるのがよいだろう。彼らは、ある人が伝える一方のメッセージを他方が否定するような二種類の命令を含んだメッセージに晒されながら、メッセージそのものについて質問したりコメントすることも出来ないという矛盾した状況に注目した。そんな状況は、個人から、怒りや混乱を引き出さずにはおかず、ひとたび二重拘束的に現実を捉えるようになると、その後はたったひとつの条件に晒されただけで怒りや混乱が生じるようになるという理論である。当初は統合失調症患者のいる家族に認められるコミュニケーション特性と説明されたが、この誤りはすぐに訂正され、良好に機能している家族より重度の機能不全の家族で頻繁に生じるものだと捉えられるようになった。内面が外界に映し出されるルートとは真反対の、外界が内面に作用してある感情体験を引き出すルートが指摘されたわけである。ホフマン（Hoffman, 1981）の言葉を借りれば、「従来、個人が抱えると理解されてきた問題や症状が、家族ごと会うという文脈では専門家の目に非常に異なって捉えられた」ことの一例であり、すなわち、家族メンバーの間で「行きつ戻りつする円環的な因果関係の環がいくつも構成されていて、病者（クライエント）の行動はより大きな回帰的ダンスの一部に過ぎない」（ホフマン同上、ただし括弧内は筆者の付記）という円環的認識論が明瞭となった一こまである。

二種類の心理療法は、どちらもしばらくの期間、自分達が依拠する理解と方法論を極めるために、他方の可能性を便宜的・形式的に断ち切って発展した。個人療法と家族療法を異質な方法論だと単純に二分する臨床家が多いなか、相互補完的とみなす家族療法家がいたことにも言及しておかなければならない。現実に目を向ければ、内面が外界に映し出される・外界が内側から何かを引き出すという、両方向が確かにあると気づく。しかしながら、セラピー論としてどちらの可能性も追い続けた研究者は決して多勢ではなく、家族療法領域からは、個人療法の実践経験を基盤に家族療法理論構築を志した創始期の家族療法家たち〔Bowen, M., Boszormenyi-Nagy, I. など〕、そして、後の時代に個人療法と家族療法の統合を考えるようになった者たちをあげることができる〔Feldman, L. B., Wachtel, E. など〕。わが国の状況に目を向ければ、下坂〔一九九八年〕の「常識的家族療法」や「個人療法への家族療法的視点の取り入れ」という主張、中村〔二〇〇二年〕の「家族療法の歴史を鳥瞰するにあたって（中略）フロイトとベイトソンの二人を頂点に据えてみた」という捉え方もこの延長線上に位置づけられるものだろう。議論を深めることは後述の節に譲るとして、ここでは、家族療法の始まりから現在に至るまで、個人の内的プロセス intra psychic process と関係性 interpersonal relationship の両方を見ようとする動きが、家族療法のなかでも途切れず続いてきたことを指摘するにとどめよう。

家族療法というと、家族全員を一堂に集めて行う合同家族面接を思い浮かべる向きも多いだろう。初期には、メンバー全員が集まらないと面接を始めない家族療法家も確かにいた。が、現代では、参加可能なメンバーで始めるほうが現実的という見方が優勢である。たった一人のメンバーと行う家族療法や、類似の問題を抱える人を聴衆として集める、クライエント自身が選んだ友人、知人とのつながりを思い出しそれを取り戻すなど、必ずしも家族の単位にとらわれないアプローチ（ブリーフ・セラピーやナラティブ・アプローチなど）もこの領域から誕生し、個人療法と家族療法の二分法は次第に不鮮明なものとなってきている。

発展史の検討

先述した中村〔二〇〇三年〕らの理解を例外として、大方の書物では、一九五〇年代にベル〔Bell, N. W.〕が行った合同家族面接に、家族療法の始まりを見ることが多い。二〇〇六年現在まで約五十余年の歴史を何期に分けるかをめぐっては、いくつかの意見があるが、ここでは最もシンプルに、創始期・発展期・成熟期の三期にわけることにしよう。

創始期は、ベイトソン・グループを筆頭に家族研究が行われ、複数の創始者が同時発生的に臨床実践を開始してユニークな理論を生み出していった約十年間を指す。発展期は、一九六〇年代から一九八〇年代までの約二十年である。この時期、家族療法は一般システム論と結びついてシステム論的家庭療法となり、システム論全盛時代を迎えた。劇的な変化を速やかに成し遂げるセラピストの積極的介入が追求され、高く評価された時代である。そして、一九八〇年以降が成熟期である。家族療法諸理論内での相互交流や相互検討が進み、理論的統合や技法的折衷が論じられるようになった。統合は家族療法の外にも視野を広げ、個人療法との統合を目指す研究者も現れた。そんな動向にも力を得て、また医療界全体で進む消費者中心主義の影響も受け、システム論的家族療法の行き過ぎに対する見直しの機運が高まって、セラピストの操作性・パワーの使い方・病理志向性の強さに対する批判の声があがった。その後の家族療法を第二次家族療法と呼ぶこととし、それ以前のアプローチ（第一次家族療法）と区別しようという動きが誕生した。わが国の発展に目を向ければ、欧米の著名な家族療法家の招聘を通じて広まったという特徴が見えてくる。日本の家族療法は、導入期から「家族が悪い」という直線的因果律の発想の延長で理解された可能性が高いという指摘がある。「個人が問題と言う代わりに、家族を問題とすり替えた以上のこと」は何もせず、「第二次家族療法に至って始めて何かを責めることから家族療法家は開放された」（どちらも石川〔一九九六年〕）という指摘は、真摯に耳を傾けられるべきだろう。第二次家族療法以降、現在に至るまで成熟期が続いている。

個人療法に、精神分析や来談者中心療法・行動療法をはじめとするたくさんの理論モデルがあるように、家族療法にも精神分析的家族療法・行動療法的家族療法・システム論的家族療法・生態学的家族療法など、いくつもの理論モデルが存在する。どんなセラピストが各期の発展を担ったか、諸理論の特徴は何かといった比較はここでは行わない。むしろ、数多あるアプローチの分類法の二、三について言及することで、三期をかけて発展した家族療法理論全体の拡がりを概観しよう。

まず、最もオーソドックスな分類法が、多世代派家族療法、構造派家族療法、コミュニケーション派家族療法等の流派へとわけるやり方である。それぞれ、「歴史（発達）」・「構造」・「機能（コミュニケーション）」という、家族をとらえる三つの視点に対応した分かりやすい分類法である。

より新しくユニークなところでは、カー〔Carr, 2003〕が提起する「行動」・「意味」・「文脈」を軸とした三分類がある。①悪循環や問題維持的な「行動」に注目するグループ（構造派、初期ＭＲＩなど）、②問題をはらんだ言動を生起しがちで堅固な信念体系や意味づけ、ストーリーに主眼を置いたグループ（ミラノ派、ソリューションフォーカスト、ナラティブアプローチなど）、③歴史的布陣や「文脈」が用意する問題への布石を重視するグループ（多世代派、文脈派など）へと分けるやり方で、問題がどのように生じ維持されているかについての各アプローチの理解を反映している。

ミニューチンら〔Minuchin, et. al. 1996〕が提示する二分類も、なかなか興味深い。それは、①セラピストが自分のパワーを表立って使う比較的単純なシステム論のグループと、②影響を与える箇所を出来るだけ小さく絞り込み、名前のない存在となって行うことを心がけた抑制派のセラピーに分ける二分法で、システム論理解の複雑化・深化を物語っている。前者は、楽天性に支えられた比較的初期のシステム論者たちを指し、後者が、ある文化の価値観を他の文化に無理強いすることの危険性に関心を寄せ続ける姿勢に導かれて、最小限の介入によって変化を達成しようとする「注意深く抑制的な面接者」たちが切り開いた潮流だと、ミニューチンらは述べている。確かに後者は、異種の人々に接する際の慎重さを備えたアプローチと言える。しかし歴史が明らかにしたところによると、第二次家族療法が唱えたセラピストの権威性や操作性に対する批判は、楽天的で単純なシステム論者だけでなく、むしろ後者の注意深く抑制的なグループに、とりわけその匿名性に強く向かうものだった。あからさまに強い力ばかりでなく、姿の見えない間接的な力にも脅かされ大いに傷つけられる場合があることを、専門家は銘記すべきだろう。いくつもの反省を踏まえて、セラピスト自身が個別性を抱えて生きる者だという事実を衒いなく見せることや、強制力が紛れ込まない方法が最近では追求されるようになったが、そんな流れの始まりとも言える時期の試みが、受益者である家族たちには威圧性・権力の行使と受け止められたことがたいへんな皮肉と感じられる。

さて、ここまで見てきたように、家族療法の発展はわずか五十余年の間に複数の理論モデルを生み出し、めまぐるしいほどの勢いで進んだ。システム論も、恒常性維持機能に注目した捉え方から、逸脱や偏向が生じているという気づきへと、さらに、逸脱や偏向はしばしば自己修正・発展とも期待できるという理解へと移っていった。二転三転の変遷を経た大がかりな変化を、亀口〔一九八六・二〇〇〇年〕は、「進化」という言葉で言い表している。横ばいや後退でなく、前向きの確かな発展であるという意味を込めた表現だろう。他方で、「他の心理療法領域との差異を強調するあまり、どちらかというと、エキセントリックな側面ばかりが強調され、日常的な臨床場面での家族とのかかわりとやや異質で新規な治療法であるという先入観をもたらしてしまった」〔楢林 一九九九年〕事実も、忘れてはならない。紆余曲折を経て、功罪両面の成果を残しながら、次第に安定した地盤を築きつつあるのが現在の家族療法領域である。時間をかけ、その認識論を発展・修正させてきたことで、わが国に従来からある受容的で支持的な心理療法の伝統、そして、そんな精神のもと、行われてきた地道で実直な家族支援の蓄積と繋がる道が、ここに至ってようやく仄見えてきた、とまとめられるのではないか。

展　望——家族療法理論のこれから

多様な拡がりを包含する現代的な定義として、楢林〔一九九九年〕を参考に、臨床場面における患者を含めた家族との関わりを、家族との協働作業あるいは家族援助と捉えて積極的に位置づけ、治療・援助活動を構成することを方法論的特徴とした臨床的アプローチの総称を家族療法・家族援助とおさえよう。その上で家族療法理論のこれからについて、五項目を挙げて展望する。展望の柱は、一言で言えば「幅広い関係性援助の理論として自己確立すること」である。そして展望の根拠には、三種の知見を置く。①第二次家族療法からの指摘、②個人療法と家族療法統合の試みが見出したいくつかの観点、最後が③個人と関係の援助の統合を一九六〇年代という早くから探求し、筆者が自らの家族療法実践の基盤に据える文脈療法〔Boszormenyi-

Nagy & Spark, 1973〕〔中釜二〇〇〇年a・二〇〇一年a〕が導き出した視点の三種である。

第二次家族療法の指摘から——セラピストもまたシステム内部の存在である

セラピストは、匿名の部外者のままセラピーを進めることはできない。家族もまた単なる対象でなく、家族とセラピストの両者が作り上げる「セラピー・システム」に焦点が充てられなければならない。それぞれに異なる文化や価値観を携えたメンバーが集まってセラピー・システムが構成され、一人ひとりは自分の考えや意見、理解を示すこと、および質問を発することを通じてそのシステムに影響を与える。セラピストは家族の会話を推し進めてゆく専門家であるが、システムのひとりとして、家族との間に協働的 collaborative な関係を築くべく努める。協働的関係には異質性と対等性が欠かせないが、家族とセラピストの関係が家族メンバー相互のつながりの再構築のモデルとなり、ひいては、関係の犠牲になって自分の声が出せなくなっている者、声を出しても聴き取られずにきた者への感受性を醸成する推進力となる。

同じく第二次家族療法の指摘から——その時・その文脈で最も適切なものを自己選択するための援助

ゴールは変化を引き起こすことでなく、むしろ変化のためのコンテクストを設定することである。ある人にとっての解決策は、別の個人にとって必ずしも望ましい選択肢でないかも知れない。また、正しい回答は必ずしもひとつには決まらない〈多元的真実〉。一人ひとりが携える文化や経験、価値観の多様性が尊重され、その上で選択肢の拡大が目指されるべきである。選択の基準は、良し悪し・正誤でなく、マッティング matching や適合性 fit に求められるのがよい。

統合の視点から——関係をつなぐための援助

さまざまなレベルで進む社会の変動を受けて、関係をつなぐための援助がますます強く求められている。それにもかかわらず、疾病でなく関係性を扱う心理療法理論は元来少なく、家族療法理論には、「関係性をつなぐための援助」としていっそう自己確立することを期待したい。現代、ニーズが高い関係性援助の具体例としては、次のようなものがあげられる。家族や周囲の環境が依然として大きな影響力を持つ児童期・思春期の子どもたちの問題、周囲の人を巻き込んでようやく一定の安定状態を保つことができる家族巻き込み型のクライエントの問題、ますます必要性が高まるばかりの夫婦関係や家族内人間関係の調整、身体的問題や心身の不全を抱えて生きる人々とその家族に対する援助、等など。これらは、ソーシャルワークや環境調整・教育とも近接の領域であり、ますます拡大するニーズにこたえてゆくことで、医師・看護師のみならず、学校教師や保健師、法律関係者など異業種の専門家との協働が力を発揮する援助活動へと発展するだろうと推測される〔村瀬 二〇〇三年ほかを参照のこと〕。

関係性援助の第一要素として——「自己理解」を援助する

関係性援助の第一要素として、「自己理解」の援助を挙げよう。従来の個人療法が蓄積してきた理論や方法論、技法が大いに活躍する領域である。家族療法を出自とするナラティブ・アプローチの視点を打ち出して、「自分自身の声を発見するための援助」と言い換えてもよい。得られた「自己理解」が関係性援助に開かれたものとなるため、内に秘めた自己理解を言葉で語る過程も同時進行で後追ってゆきたい。新しい自己理解がセラピー・システムにごく自然に共有されてゆくか、あるいは、共有するために家族面接の場を別途設定して、親密な他者とのやりとりをセラピストとともに進めてゆくかが検討される。自己理解援助の要は、よく聴くことにあるのは言うまでもないが、漫然と耳を傾ける以上に次のことがらに耳を傾けたい。これまでの家族の文脈では光が当たらずに来てしまった「例外」は何か、いわれのない不平等や、他者や関係のために努めながらも他者の目にはそれと映らず、汲み取られずにきてしまった個々人の努力や貢献（文脈療法で「破壊的権利付与」・「隠れた忠誠心」と呼ぶもの）がどこにあるか。これらのことが聴き取られて初めて、他者への寛容さが選択肢の一つとして浮上してくるらしい。

関係性援助の第二要素として——「他者理解」を援助する

自己理解の援助とほとんど同時進行的に、合同面接に臨む家族は、他者の話に耳を傾けるよう求められる。自分を理解したセラピストその人が、横にいる他者（自分にとっては複雑な気持を掻き立てる家族や親密な他者）を同じように理解する合同面接の枠組みは、元来チャレンジングであり、葛藤状況をはなから内在している。葛藤状況の緩衝材は、ひとつにはセラピー・システムが保障する対等性であり、もうひとつは、光が当たらなかったり他者から省みられずにきた努力や貢献に寄せるセラピストの関心である。まずは、内心の動揺を引き起こす相手と同席することが、次いで、苦い思いを抱えながらもその人の声に耳を傾けることが、さらには、自分を理解したセラピストその人が相手にも理解や共感を示す姿を見ることが、面接の場に臨む一人ひとりに求められる。

進行する会話の一言一言がオーバーにいえばチャレンジであり、他者理解への誘いとなる。ワクテル〔Wachtel, 1993〕は、同様のねらいをもって、クライエントその人の内面の理解と関係世界の理解の同時推進を提唱している。それは、人間存在の独自性に目を向ければ不可能なことと見えるかもしれないが、われわれの生がもともと共同性に開かれていることを考えれば、悲観論に陥る必要はないと述べている。下坂〔一九九九年〕はまた、家族面接のなかでは、クライエントとセラピストの密な交流のなかで共有された「内的現実」が、家族が差し出す異種の「現実」によってしばしばどんでん返しを食らうことがあると述べる。その意外性がクライエントの抱えられる程度に起こることが、セラピーに何より効果的に働くという下坂の言は、傾聴に値しよう。

関係性援助の第三要素として――「自己理解」と「他者理解」をつなぐ

関係性援助の第三の要素は、自己理解と他者理解を結びつけること、すなわち、自分の声と他者の声が共存するための新しい関係のあり方を当該の家族が模索する作業である。どちらの声もそれぞれにとっては大切な真実である。親密な二人は、たいへんしばしば、責任の所在を巡ってぶつかったり、どちらが正しいかを争ったりする。が、それにも関わらず、本来は自分の声を発するために相手の声を潰す必要もなければ、その逆をする必要もない。関係世界では、真実は必ずしもひとつでないという理解が身につくことで、また、自分や相手が体験した不平等や貢献が他者の目に見えるものとなることで、両者の声が共存する折り合いの地点が見つかる可能性は、確実に高まるだろう。集まったメンバー全員が納得する関係、メンバーの消え入りがちな小さな声にも耳が傾けられるような、彼らにとって「ほどよい対等性」が見出されるまで、家族の対話を推し進めることがセラピストに求められる。もちろん理想的な顛末ばかりあるわけでなく、家族を引き離すこと、関わりをしばらく断つ方向性が選ばれる場合もある。さまざまな可能性に目を向けて、家族の選ぶ選択肢を少しでも拡げることが、関係性援助に携わるセラピストの仕事だろう。

事例 ——自閉症という障害をめぐる ある家族の奮闘記

最後に、ある家族の奮闘記を記すことで本論をしめくくりたい。関係性援助の一実践であり、自己理解と他者理解が比較的スムーズに両立した事例と理解している。*守秘義務に配慮するかたちで修正を加え、母親の個人面接に父親(つまり彼女の夫)を招いた過程を中心に記す。

クライエントは、A子さんという三十代前半の主婦である。家族には若干年の離れた夫(B夫)と九歳の長男(C太)がいる。「不眠とうつ状態」という症状を訴えて、とある神経科クリニックを訪れた。そして、A子の不調には、五年前に「自閉症」と診断された息子の問題と子育て方法を巡る夫婦間の齟齬が関わっていると判断した医師によって、筆者(以後、Nと記す)が臨床実践を行う心理クリニックにリファーされてきた。A子の求めに添うかたちで、二回の面接時間を費やしてアセスメント面接を行い、その上で、次の三つの方針を立てた。

①C太の発達障害に対しては、すでにこれまでにいくつかの治療機関が関わり、適切な学校選びと療育的働きかけがなされてきている。現在関わっているいずれの機関にも問題は認められず、C太には従来の支援を受け続けることを勧める。そこで当機関からは、からだを使った遊びを中心とするプレイ・セラピーを提供し、Nとしては親支援と夫婦関係の調整を目的としてまずはA子と面接する。

②今回のSOSは、A子の内面から発せられた声と理解される。A子は、C太に対する夫の無理解を恨

み、とりわけ幼少期に拳骨でぶったり叩いたりしたこと、罵声を浴びせたことが許せない、今なお続いている心理的虐待からわが子を守るために、どんなに生活が苦しくなろうと夫と別れたほうがよいのではないかと思いつめている。他の面では、ほとんど強い感情を表すことのないA子であるが、夫に対する怒りと攻撃性は相当強いものである。

③B夫のC太への関わりは、現在は、ときどき怒鳴り声が飛ぶ程度までに収まっている。従順なA子との対比もあるのか、自説を曲げない頑固な夫は、これまで関わってきた心理の専門家から散々批判され続け、心理の人間の顔を見るのもこりごりという状態だそうだ。それほどB夫の暴力的な態度が目立っていたのかも知れず、専門家の偏った評価が、夫婦関係の歪を拡大している可能性も伺われ、A子も、専門家は当然夫を諌めてくれると期待している模様。関係調整は慎重に行いたい。

セラピーが始まると、日常的にほとんど誰からも特別なケアが向けられない孤独なA子の姿が見えてきた。親面接者のNに対しても、優秀な専門家を期待するというより、何歳か年上の姉のような存在を求めているようだった。A子母子は、面接にやってくると最初の三、四十分をプレイルームと面接室で別々に過ごし、残りの時間は、C太がプレイセラピストと共に面接室にやってきて、四人で過ごすのが習慣になった。三人がC太の対応に終われたり、A子が持参した学校の連絡ノートを見たり、C太を中心に絵を描いたり親子遊びをして過ごしたりする後半十分あまりを、A子はたいへん満たされた時間と感じているらしかった。B夫はA子が語る息子の話にほとんど耳を傾けないというが、本当は「夫婦でこんな時間を過ごしたいのだろう」「一人息子の彼なりの変化を、誰かと一緒に喜んだり語り合ったりしたいのだろう」と感じながら、親面接者はA子の求めに応えていた。

面接を重ねるにつれて、家族関係についてさらに詳細が見えてきた。まずB夫のC太に対する関わりだが、暴力的関わりは、C太の成長につれて確実に少なく軽くなり、現在では、ほぼ毎週のようにC太のお気に入りの遊園地や公園に出かけたり、魚釣りに連れ出したりしている。和気あいあいとした楽しい休日というより、三人が黙々と歩き続けたり、言うことを聞かないC太にしばしばカミナリが落ちたりで、A子からは感謝されるより、責められることが多かったが、B夫の頑張りがあるのだろうと感じられた。A子も、面接者からの働きかけもあって次第に夫の努力を認め始めた。が、夫婦が近づく可能性が見えてきたと面接者が内心で喜ぶと、必ず事件が起こって変化が台無しになった。はた迷惑なことをした、もしくは社会的によくないことをしでかしたという理由でB夫がC太を大きな声で叱り、A子が「子どもの状態も理解せず頭ごなしに怒鳴りつける夫が許せない、そんな夫と別れたい、別れなければならない」という話へと戻っていった。この悪循環は、たいていC太の不適応行動が引き金となって始まるものだった。息子の障害を目の当たりにするという二人が受けた衝撃をあたかも雲散霧消するため、そこから目を背けるために夫婦のけんかが必要とされているようだとNに感じられ始めた。そんなある時だった。A子が心の奥底に抱き続けたファンタジーを語ってくれた。『先生たちはありえないことと否定するでしょうが……私には確信があるんです。夫の暴力のせいで潰されたこの子の能力はいつの日か必ず戻ってくると……私が頑張り続けさえすれば、この子は普通の子どもに戻ると……』。こんなファンタジーに支えられて、母のこれまでの頑張りがあったかと知らされ、Nとして軽いショックを覚えた。「ファンタジーを抱き続けることと、夫を『子どもの病気の原因』

の座に置き続ける必要性はこんな関連にあったのか。ファンタジーを無理やり雲散霧消するのでなく、ファンタジーのゆっくりした変容をめざすべく、夫婦間調整を進めなければ。そのためまずはA子の同意を取り付けて、B夫を面接室に招き入れよう」と考えた。

B夫を面接室に呼ぶ案は、すでに何度も話し合われていた。その度にいろいろな理由で実現せず、何度目かの提案も、案の定、すぐにA子から却下された。「夫が拒否」「仕事が多忙」、「無理やり連れてきても、これまでの繰り返しにしかならないだろう」などがA子の挙げる理由だったが、これまでの親面接者とは異なりB夫を無碍にけなさないNの様子に反応してのことと思われた。「夫婦が別々のやり方で頑張っている。だから火花が散る。二人とも頑張っているのに、それはとてももったいないこと」と告げて、Nが再度しつこく、合同面接を提案した。『そうだとしても、B夫の怒鳴り声が私にはとてもとても怖い。怖いし憎い。私の大切なものを容赦なく潰したり壊したりする残酷な声に聞こえて』という返事を得て、NはA子の個人史をさらに語ってもらうことへとA子を誘おうと決めた。

さて、深く語ってもらったのは、A子の少女期の頑張りの歴史、ただし他者からはそれと気づかれない孤独な頑張りの歴史だった。経済的問題に四苦八苦する家庭で、いろいろな意味で我慢することを身につけたようだった。女だからと男兄弟に譲ったもの、逸した機会はたくさんあり、ある時は痛みを我慢しすぎて治療の機会まで逃し、たいへん軽度ではあるが身体障害を生涯抱えるはめとなった。通院費用を気にしたためでもあったのだが、親はそんな理由とはついぞ気づかず、強く罵倒され、その後は折に触れて嘆かれ厭味を聞かされたという話だった。小学校時代にはその障害のせいで男子生徒からいじめられた。大きな声はもとから大嫌い。怖い。夫の大きな声にクラスの男子達の罵り声が重なると話してくれた。ここまで話してきてようやく、B夫を呼ぶ計画にA子が同意した。「とにかくB夫の目に映る現実を話してもらおう。今後、三人の家庭をどんな風にしてゆきたいと思っているのか、そんな話を聞かせていただきたいと思っている」とNからは説明した。

次の回、B夫が面接室にやってきた。カウンセラーに対する警戒心は強く、B夫の第一声は、『どうせ心理の先生は私の対応が問題だと言うんでしょう』というものだった。『でもね、誰だって別に好きで怒鳴っているわけじゃない。随分頭が遅れている奴です。親だっていつまでも生きてるわけじゃない。こいつが人から可愛がられる可愛い奴にならないで、どうやって一人で生きていかれますか。人に嫌がられることはやってはいけないと、こういうことは身体に覚えさされないとだめなんだ』と、言葉が続いた。Nからは、確かにやめてほしいこともある、が、とてもいい、どうやってC太の好きなことを見つけたのかと感心していることもある旨を説明し、B夫の考えをきかせていただきたいと頼んだ。

最近C太が気に入り、寝るときも肌身離さず持っているカメラは、B夫がその父にもらった数少ない品という話から、B夫の来し方が語られた。ここに詳細は記さないが、B夫も家族の中で苦労した人だった。厳格なしつけを受け、他人を頼るべきでないと考えた彼は、どんなにつらくてもサボらないこと、根を上げずにやり抜くことをモットーにして頑張り続け、現在の経済力を獲得したという。カウンセラーからは、B夫のC太への思いの強さがよくわかったと伝えた。それは総体としてA子の目指しているものと大変によく重なるとこちらの考えを述べてから、こちらからお願いしたいこととして「叱るとき、今より少しだけボリュームをおさえて、小さめの声で叱ってほしい」、これだけは強くお願いしたいと告げた、「A子さんがB夫さんのやりかたに今よりもっと寄り添っていられるために」。そう言うとB夫は苦笑いをし、『俺は地声が大きい、自分の声がどれほど大きいか、自分では分からないんだ』というようなことを言って、泣いているA子を見やった。

合同面接はわずかに二回導入された。そしてこの二回の面接のあとから、少しずつの変化が重なって生じ始めた。まず最初は、B夫が上司に息子の状態と妻の身体的問題を始めて打ち明けた。その上司に勧められ、職場の集まりに二人を連れてゆくということが続いて起こった。ぶっきらぼうのB夫は、二人を同僚に紹介するなどという気のきいたことを何もしてくれなかったが、「身体の不自由な自分を知り合いに見られたくないのだろう、息子の状態も隠したいと思っているのだろう」という積年の妻の疑いが晴れた。そして、この数週間後、さらに予期しない出来事が起こった。連休に泊りがけで出かけて、くたくたになった三人が帰途に着いたときのこと、家まであともう一時間ほどのドライブという距離に近づいたところで、C太が宿で出されたお饅頭を学校の先生、カウンセラーたちにあげたいと言い出したのだそうだ。近くに同じお菓子を見つけることは出来ず、諦めるよう促すA子を留めて、B夫が宿までの道を引き返す決心をした。数時間のロスが明らかだったが、そしてそんな無駄を最も嫌う夫だったが、『息子が初めて人に物をあげると言ったんだ。同じお菓子を買ってその気持をかなえてやろう』と言ったという。三人で今来た道を引き返し、何時間もかけてねらいのお菓子を手に入れたと言う。

面接室外での家族の変化が、どこまで面接の流れを受けて起こったものか、とりわけ合同面接の効果がどのようにあったのか、断定することは出来ない。が、筆者にとっては、個人の努力が認められること（とりわけ他者から認められないできた他者や関係に対する貢献が聴き取られること）と、他者に対する寛容性・共感性の高まりがこのように見事に連動するのだと初めて体験させてくれた事例となった。

＊　概略について、中釜（二〇〇〇年ａ）で簡単に言及したことのある事例である。

参考文献

Boszormenyi-Nagy, I. & Kransner. B.（1986）*Between give and Take: A Clinical Guide to Contextual Therapy*., Brunner/Mazel.
Boszormenyi-Nagy, I., Grunebaum, J., & Ulrich, D.（1991）Contextual Therapy. In Gurman, A. & Kniskern, D.（Eds.）, *Handbook of Family Therapy*., Brunner/Mazel.
Feldman, L. B.（1992）*Integrating Individual and Family Therapy*., Brunner/Mazel.
Goldenthal, P.（1996）*Doing Contextual Therapy*., Norton.
Grunebaum, J.（1990）From Discourse to Dialogue : The Power of Fairness in Therapy with Couples., In R. Chasin（Eds.）*One Couple Four Realities*., Guilford Press.Carr, A. 2003 Family Therapy., John Wiley & Sons, Ltd.
平木典子（二〇〇三年）『カウンセリング・スキルを学ぶ』金剛出版
Hoffman, L.（1981）Foundation of Family Therapy., Basic Books. 亀口憲治訳『システムと進化――家族療法の基礎理論』朝日出版社・

一九八六年
石川元（一九九六年）「第一次家族療法と第二次家族療法」『家族療法研究』13(2), 96-110.
亀口憲治（二〇〇〇年）『家族臨床心理学――子どもの問題を家族で解決する』東京大学出版会
近藤邦夫（一九九四年）『教師と子どもの関係づくり――学校の臨床心理学』東京大学出版会
村瀬嘉代子（二〇〇三年）『統合的心理療法の考え方――心理療法の基礎となるもの』金剛出版
Minuchin, S., Lee. W-Y. & Simon, G. M.（1996）Mastering Family Therapy., John Wiely & Sons, Inc. 亀口憲治監訳『ミニューチンの家族療法セミナー』金剛出版
中釜洋子（二〇〇〇年a）「多世代理論――ナージの文脈的アプローチの立場から」17(3), 218-222.
中釜洋子（二〇〇〇年b）「家族療法から見た家族」『児童心理学の進歩（二〇〇一年版）』金子書房
中釜洋子（二〇〇一年a）『いま家族援助が求められるとき』垣内出版
中釜洋子（二〇〇一年b）「家族療法を学ぶ」沢崎俊夫・中釜洋子他編著『学校臨床そして生きる場への援助』日本評論社
中村伸一（二〇〇三年）「一九八〇年代末までの家族療法の潮流」日本家族研究・家族療法学会編『家族療法リソースブック――総説と文献105』金剛出版
楢林理一郎（一九九九年）「家族療法の現在」『こころの科学』85号・日本評論社
楢林理一郎（二〇〇三年）「家族療法とシステム論」日本家族研究・家族療法学会編『家族療法リソースブック――総説と文献105』金剛出版
Nichols, M. P. & Schwartz, R. C.（2004）*Family Therapy 6th.,*（Eds.）Allyn and Bacon.
Pinsof, W. M.（1983）Integrative problem-centered therapy: Toward the synthesis of family and individual psychotherapies., *Journal of Marital and Family Therapy*, 9, 19-36.
下坂幸三（一九九八年）『心理療法の常識』金剛出版
Wachtel, P. L.（1993）*Therapeutic Communication.*, Guilford Publisher.
Wachtel, E.（1987）Family systems and the individual child., *Journal of Marital and Family Therapy*, 13, 15-27.

提題②

〈少年事件〉と家族の変容

――弁護士の立場から

神谷信行

十数年前になろうか、第一東京弁護士会の少年法委員会の席で心理面接についてお話しする機会を戴いたのを機に、その後、神谷弁護士とは仕事や勉強を通じて、ご交誼いただくようになった。法廷で裁かれ結論が出される事件は、もとはといえば、そのほとんどが人間関係の縺れに端を発している場合が少なくない。ことに少年事件は、背後に家族の問題が深く関与している。

神谷氏の御著作を読んだりお話しを伺ったりしていると、法律の技術論以前に、いかに緻密に誠意をこめて、事実を扱い、掘り下げて思索をめぐらされるかについて、いつも感嘆させられる。それは、法曹であるから当然、というようなレベルではない破格のものである。そして、常に「人として」のご自身について、事件当事者に出会うときに深く省みられる。だからこそ神谷弁護士の言葉は、文字に書けば仮に同じであっても、相手のこころに深く確かに届くのであろう。

これはほんの一例であるが、本書に載っている漢字とその語源の由来を説く十二枚の図は、この講座にご出講くださった折に、神谷氏ご自身が数え切れないくらいの数のコピーを拡大・縮小・切り貼りなどをして作成されたものである。

理論や制度が本当に息吹の通った、人の生に意味を持つものになるには、私どもが自分自身、何をどう引き受けるべきかについて考え、行動することが、まず課題だということを、神谷氏は常に示してくださっている。

はじめに

本日は「少年事件と家族」という非常に大きなテーマをいただきました。どのような話をしたらよいか考えていた矢先、『少年犯罪の深層――家裁調査官の視点から』〔藤川洋子・ちくま新書〕と、『発達障害と子どもたち――アスペルガー症候群、自閉症、そしてボーダーラインチャイルド』〔山崎晃資・講談社＋α新書〕が相次いで発刊されました。著者のおふたりとは、村瀬嘉代子先生のご縁で、明治安田こころの健康財団主催の青少年犯罪に関するセミナーでご一緒させていただいたことがあります。今日はこれらの最新の著作に触発されたお話をしたいと思います。

続々と新たなツールが開発され、インターネット、携帯・メールによるコミュニケーションが定着してきた今日、従来の理論や手だてをもってしては、少年と家族に対処できなくなってしまったのかどうか、体験と照合しながら考えてみたいと思います。

「不易」と「流行」

世の中には、「たやすく変わってしまうもの」と「なかなか変わらないもの」があると思います。ここ大正大学には仏教を学ぶ方もいらっしゃいますね。私も仏教徒として、仏法には日頃から親しみを感じていますが、仏教においては「変わらないものはない」というのが基本的な考え方です。

般若心経に「色即是空」という有名な言葉があります、「色」とは形あるもののこと、「空」とは実体がないということ。「この世の形あるものは、その本体において、他のものとの関連において存在しているにすぎず、実体がない。それがこの世に存在するもののありようなのだ」というのが仏教の考え方です。

仏教ではこのように徹底した見方をしていますが、歴史を振り返ってみると、最終的には変わってしまうとしても、なかなか変わらないもの（不易）と、たやすく変わってしまうもの（流行）との区別をすることができると思います。「不易」と「流行」、この両者の区別をすることが必要であると思います。

漢字を手がかりに

身近なものを見渡して、なかなか変わらないものに何があるか、すこし考えてみて下さい。どのようなものがあるでしょうか。

私は、あまり変わっていないものとして「漢字」を挙げることができると思います。外見的には中国の簡体字と日本の常用漢字は相当に違っていますが、漢字の字源にさかのぼってみると、原初の漢字には対象の本質が凝縮されており、それが今日使われている字形に受けつがれていることがわかります。

漢字は約三千五百年前、中国の殷の時代に、亀の甲羅や牛・鹿の肩胛骨に刻された「甲骨文」として生まれました。この文字は西周の時代にそのまま引き継がれ、青銅器に鋳込まれた「金文」として遺されています。そして春秋・戦国時代を経て、秦の始皇帝が全国の文字を統一し、「小篆」と呼ばれている文字が行われます。さらに小篆の早書きから「隷書」が作られて漢代の公用書体となり、この隷書から草書・楷書・行書が分化してきます。現代の私たちは、楷書や行書を使って日常生活をしていますが、書体の変遷があったとはいえ、三千五百年前に作られた漢字をいまだ

【図1】父（金文）　【図2】母（甲骨文）　【図3】女（金文）　【図4】子（金文）

に使っているのです。

家族を表す漢字

まず、家族に関係のある古代の漢字（甲骨文・金文）をご覧いただこうと思います〔白川静『漢字暦 二〇〇五』『常用字解』平凡社〕。

【図1】が《父》、【図2】が《母》です。【図3】は《女》。父と母がいれば間に子どもが生まれ、【図4】が《子》です。《子》は、頭が大きく、両手を上に広げている形の象形文字です。

《母》と《女》を比べてみましょう。《母》と《女》の違いは一目瞭然ですね。胸の位置に二つの「点」があるかないかというところです。この「点」はお母さんのお乳ですね。赤ちゃんにとって最も大切な乳房です。それを示す二つの点がなく、手を前に組み恭しく跪いている姿が「女」です。

隷書の《女》を見てみましょう。次頁【図5】の《女》は、一画目と二画目の書き出しの接点がくっついています。私たちが書く楷書では、一画目の「く」と二画目の「ノ」は離れていますね。隷書の《女》は《母》の二点を取り去った形で、《母》との関連性を保った字形になっています。この《母》の字形をみると、古代の甲骨文時代の人たちが対象の本質を正確に見ていたことがわかります。

他方《父》はどういう字かというと、これはお父さんの姿形を表した象形文

【図5】女（曹全碑）

字ではないのです。『常用字解』によると、「会意文字」（意味のある二つのパーツを組み合わせた字）とされ、涙のしずくのような形の部分とそれを持っている「手」の形が組み合わされた字、というように解説されています。そして、このしずくのような部分は「斧」の頭部だとのことです。右手で、斧を持っている図だというわけです。この斧は木を伐る道具としての斧ではなく、儀礼用の器としての斧で、指揮権の象徴であり、それを持つ形の《父》は、指揮権を持つ人、指揮する人の意味をもつとされています。

《父》は、指揮権という抽象的なものを具体的な「斧をもつ形」を借りて表したもので、《母》の持つ具体性と次元が違いますね。《女》と《母》は姿形を写した象形文字で、字形から直観的に理解されますが、《父》は象徴的方法で指揮権を表しています。ここに、臨床心理学に言う「父性」「母性」の機能の違いを、字源の上からも読みとることができるわけです。

「子」と深いかかわりをもつ文字

さらに『漢字暦』から、子どもに関係のある字を見てみましょう。【図6】は《身》という字です。腹部の中の点、これは赤ちゃんを身ごもっている姿です。次の【図7】は《孕》（はらむ）、お腹の中に「子」の字が入っていて、へ

【図6】身（金文）

【図7】孕（甲骨文）

【図8】后（甲骨文）

ソの緒がつながっています。【図8】は珍しい字で、この字形の右下に、頭を下にした「子」の字があります。白川静先生によれば、これは髪飾りをつけた女性が赤ちゃんを分娩している形で、今日では皇后の《后》として伝わっているとのことです。

【図9】は、「ウ冠」の下に天と地を指している「子」がいる《字》ですが、これは文字の「字」を表しているのではなく、祖先を祀った霊廟で子どもに名前を与えているところだとされています。「字」は「あざな」とも読みますが、中国では、本名は自分の親や先生、近しい人にしか呼ばせず、友だちや他人には「あざな」（字）で呼ばせていました。三国志の劉備の字は「玄徳」、関羽は「雲長」です。呪術の支配していた時代、名前を知られてしまうと呪詛される危険があるため、「実名敬避」の習俗がありました。それで「名」ではなく、「字」（あざな）で呼びました。この【図9】の《字》は、生まれた子どもに祖先の霊廟の中で「あざな」を与え、生まれた後の通過儀礼をしているところだとのことです。

【図9】字（金文）

【図10】保（金文）

それから【図10】は、「玉」のついた《保》、「人」が「子」を背負う姿です。これは保険の「保」で、「やすんずる」という意味があります。これも子どもに関係していて、霊が宿る「玉」を添えて、子どもを祖先の霊によって守っている図であるとのことです。呪術の時代には呪い殺されたりしないように、祖霊によって子どもを保護することが考えられていたわけです。

子どもを棄てる字

先の「保」は子どもを守っている形の字ですが、今度はもう少し怖い字です。【図11】「棄」の甲骨文。この字の中

【図11】棄（甲骨文）

【図12】流（金文）

には「子」の字形が入っています。「𠫓」をひっくり返すと「子」になります。下部のニワトリの足のような部分は両手の形です。その上の×印のある器状のものは籠。籠の中に子どもが落とされ棄てられているところだとのことです。わが国でも、厄年に産んだ子を一度形式的に捨て子し、第三者に拾ってもらう習俗がありますが、古代中国では、最初の子どもを棄てる風習をもつ地域があったそうです。

もう一つ、逆さまの「子」の形を類推するとわかる字があります。【図12】の「流」は、川に子どもを流している形だとのことです。子どもを川に流し、助かった子だけ育てる習俗をもつ部族があったそうです。

時を超えて受けつがれているもの——「現象」と「本質」の峻別

このように、子どもにかかわる生々しい漢字がたくさん残っています。呪術の時代、子どもは悪霊に祟られやすく、弱い存在だったわけです。これらの漢字を見ると、古代人は「祖霊の意」にかなう子かどうか、「棄」「流」によってこれを確かめ、生まれた後は、祖霊の加護を受けて大切に守り育てるべきものと考えていたことがわかります。現代の赤ちゃんの「お宮参り」の行事にその心性が受けつがれているといえるでしょう。

また中国や日本では、昔は年齢を数え年で数えていました。西洋の人々は生まれた新生児を「ゼロ歳」としますが、戦前の日本では生まれた赤ちゃんは「一歳」でした。それは、胎児は十月十日お母さんのお腹のなかで過ごしているから、宿った時から年齢を起算したためです。《身》や《孕》の字を作った古代人は、生理的にみて、正しい年齢の数え方をしていたのだと思います。

こういうことをベースに置いて、親子関係について、変わるものと変わらないものをきちんと仕分けてみる必要があります。現象だけみて、子どもたちは変わったとか、昔の理論は使えないと即断せず、一つ一つのケースを吟味して、「不易」「流行」の区別をする必要があると思います。現象面では何か変わったように見えても、物や出来事の本体は変わっていないことがあるのです。

水の中に箸を入れれば光の屈折で曲がって見えますが、箸の実体は真っ直ぐです。曲がって見えるのは、水が光を屈折させ、目が本体と違うものを認知しているにすぎず、箸の実体は真っ直ぐなのです。どうすれば、見かけの形にとらわれず、実体を正しく見ることができるのか、常に心にとめておくことが必要ではないでしょうか。

「学び」の初心

私は大学から司法試験受験時代六年間に書道教授をしていて、子どもの創造力のすばらしさを実感していました。発達障害児といわれる子どもが素晴らしい書を書くのを目のあたりにして、子どもが秘めている成長の可能性を素朴に信じることを学びました。この体験が現在の私の仕事の基礎になっています。

その後、弁護士となり、少年事件を受任するようになってから、家庭裁判所調査官の書かれる調査票や、鑑別技官が作成する鑑別結果を読み解けるよう、独学で臨床心理学や社会学、精神医学、教育学の本を読んできました。

しかし、初めて受けた少年事件の少女が緘黙の子で、途中から何も話してくれなくなってしまい、書物で知ったカウンセリングの知識では太刀打ちできないところに立たされました。彼女は養護施設で育ってきた子ですが、母は当時受刑中、父は所在不明という重い生活史をもつ子でした。この子にどのように波長を合わせていけばいいのか悩みましたが、ひとつ気づいたのは、「もし自分がこの子だったらどうだっただろうか」ということを、自分の人生の原初の記憶に遡り、思い出して照合すること。それしか方法はないと思いました。

彼女と同じ人生を生きてきたわけではないですから、自分の体験だけではもちろん足りません。これまでに読んだ小説、見た映画、人から聞いた話、アニメ、マンガ、音楽など総動員しながら、こころのなかで照合することを始めました。

重罪少年事件の弁護

こうしていくつかの少年事件を受けたのち、ある時、殺人を犯した少年の弁護を担当しました。詳細については『すべてをこころの糧に』（村瀬嘉代子・青木省三編／金剛出版）という書物のなかで報告したのでここでは略します。

当時、四人の少年が起訴されましたが、私の担当したA少年は、鑑定人の証言で、脳の後頭部に欠損があることがわかりました。脳波についても、小学生時代に異常波である棘波が出ていました。器質的ハンディキャップを負ったすべての人が犯罪に陥ることは決してありませんが、A少年が自分の行動をコントロールできなかった重要な背景に、この器質的ハンディキャップがあったわけです。

事件の渦中で、脳の医学知識のほか、心理学のさまざまな理論を学びました。特に『大人になることのむずかしさ』（河合隼雄／岩波書店）によって、思春期の「死と再生」のイニシエーションについて目を開かれました。

先ほど紹介した《字》の文字は、生後の加入儀礼を示す字形でしたが、その後子どもが成人する時には、聖別された場所に隔離され（特に母から切り離され）、火の上を歩くとか、足につるを巻き高い木の上から飛び降りるなど、命がけの試練を受けることがあります。この「死」の体験の後、子どもは大人として「再生」し、成人社会への加入が認められます。ここでは、イニシエーションを通過した途端に大人になり、「さなぎ時代」は存在しないのです。

近代社会ではこのような習俗は失われ、大人になるための「死と再生」のイニシエーションを日常生活のなかで営まねばなりません。家出や非行などさまざまなつまずきは、現代のイニシエーションだと思います。そして、イニシエーションの一つとして「親殺し」ということがあります。自分も「親殺し」をしたのだろうか、と振り返ってみたところ、何度もやっており、今もこころのなかの「罪の意識」として沈潜している部分があります。

A少年を見ていると、家族に対する攻撃が歪んだかたちで被害者に振り向けられたと思われるフシがありました。これは「甘えと転移性攻撃」ですが、このような解釈を本人に告げたところで何の解決にもなりません。ただ、こころのなかでこのような意味づけをして考えていくことによって、その子に「極悪非道の少年だ」というレッテル貼りをせずに進めていくことができたと思います。

臨床心理学の理論と事件の照合

その当時学んだ子どもの情緒発達に関する諸理論を思い出してみます。いま述べた「甘えと転移性攻撃」の理論、ボールビーの「愛着理論」、マスターソンの「見捨てられ抑うつ」、ボーエンの「家族内投射過程の理論」、ウィニコットの「対象関係論」……こういう理論を、私は事件のなかで学びました。

事件のさなかでケースと理論をつき合わせていると、よく当てはまるものがあります。特にボーエンの「家族内投射過程の理論」は、いわば家族内の「三角関係の理論」です。父・母・子どもがいて、お父さんが浮気をしたりしていると、母と子が情緒的な連合を作り、父を疎外する「三角関係」ができます。そこでお母さんがお父さんに対して持っている被害感や恨みつらみが無意識のうちに子どもに擦り込まれていき、父親像を歪めてしまいます。

私の受け持ったA少年もそうでした。父へ不信感を持ち、父の実像を認識していませんでした。お父さんが何回も面会され、一度も欠かさず法廷傍聴を続けられた結果、父と子の絆が回復しました。彼は「お父さんが面会受付で息子の名前を書くとき、どんな思いをしているんだろう」ということまで考えるようになりました。裁判の進行にともない、母子の情緒的連合が切り離されていき、最終的に歪んだ父親像は是正され、父が少年を支えるリレーション（関係性）ができました。

この母子連合の分離がなされるとき、一種の「母親殺し」的な対決が生じましたが、ボーエンの理論を知っていたので、母と子の感情の渦に巻き込まれることなく、落ち着いて対応することができました。母との感情的な対立もやがて沈静化し、「親の育て方が間違っていた」という世評に対して、彼は法廷で『両親の育て方は間違っていない。悪いのは自分なのだ』と言って、両親をかばいました。こうして、両親への「ありがたい、懐かしい」という気持と、「申し訳ない」という気持を抱き、母子関係も修復されていきました。

母を想い起こすことと内観

ここで母への思いを想起していただくため、倍賞千恵子さんの『かあさんの歌』〔作詞＋作曲・窪田聡〕を聴いてみましょう。

かあさんは夜なべをして手袋編んでくれた
「木枯らし吹いちゃ　冷たかろうて　せっせと編んだだよ」
ふるさとの便りは届く／いろりの匂いがした

かあさんは麻糸つむぐ　一日つむぐ
「おとうは土間で　藁打ち仕事　お前もがんばれよ」
ふるさとの冬はさみしい／せめてラジオ聞かせたい

かあさんの　あかぎれ痛い／生味噌をすりこむ
「根雪もとけりゃ　もうすぐ春だで　畑が待ってるよ」
小川のせせらぎが聞こえる／懐かしさがしみとおる

〔日本音楽著作権協会（出）許諾第〇六〇一二四九―六〇一号〕

情景が思い浮かんでくるでしょうか。私の場合、父方祖母の田舎は山形県寒河江というところです。さくらんぼやリンゴ、最近は量が減りましたがお米を作っています。私は、幼稚園前から司法試験合格後までの間に、父親と二人きりで山形を旅したことが六回あります。父との旅の思い出が強く記憶に残っているので、映画『砂の器』〔野村芳太郎監督〕のハンセン病にかかった父と息子が遍歴放浪する場面をみていると、父と自分のやりとりや葛藤をありありと思い出します。このように、自分が育った過程で見た風景を想起するということは、少年に付き添ううえでとても重要なことだと思います。

しかし、先の少年の見てきた風景と私の見てきた風景では差があります。この差に気づいていないと、私の勝手な思いが空回りしてしまいます。他方、母を思う気持や、母が何かしてくれた時の「ありがとう」という気持、「申し訳ない」という気持には共通のものがあると思います。違う部分については想像力で補い、共通部分についてはこれを共有し合うというように、自分の心の動きを仕分けなければならないと思います。そして、想像するときの素材として、こういう歌を聴くことも、私は重要なことだと思っています。

弁護士と「手仕事」のこころ

この歌に「母の編んでくれた手袋」という手仕事が出てきます。現代はパソコンとインターネットの世の中になり、手仕事の暖かさに欠けることが多いと思います。少年の親子関係に歪みがある場合、私が父親モデルになったり、両親と少年の橋渡しをしたりしなくてはなりませんが、その時コミュニケーションに手仕事部分を入れていかないと、気持が伝わりきらないことがあります。

コミュニケーションにおける手仕事は手紙です。皆さんもパソコンや携帯でメールをされると思います、メール一つ打つにしても、こちらの気持がきちんと伝わるような文章を作らなければいけないと思いますし、絵文字などで和らげなくても、気持を過不足なく伝達できなければと思います。

私は少年に手紙を書く時、パソコンやワープロは使わず、手書きにします。筆で書いても滲まない厚めのクリーム色の便せんで、罫は木版画で摺ったような罫のものを使っています。筆記用具は昔からある「ぺんてるのサインペン」で、使いこんで頭が丸くなった状態のときが一番調子よく書けます。私は「温かく感じる字」と「冷たく感じる字」を書き分けられますので、懐を広くして温かく見える字形で書きます。

少年が面会の時に語ったことは、メモは取らずに覚えておき、帰途、喫茶店に飛び込んで再現します。そして事務所に帰ってから、少年の言葉をきちんと捉え直して手紙を書きます。これが私の手仕事の一つです。これを繰り返していると、「一対一のリレーション」ができてきます。リレーションがつけば、今までの目とは違う目でお父さんやお母さんを見ることができるようになります。これはデジタル時代でも変わらない「不易」の経験則だと思います。

こうして手仕事のコミュニケーションを繰り返していると、少年の方からすすんで罪と向きあい、自分の犯したことの意味や無惨さを直視し始めるようになります。お父さん、お母さんとも向きあうようになってきます。

内観療法について

内観療法というセラピーがあります。①お母さんからしてもらったこと、②して返したこと、③迷惑をかけたことの三点について、自分が思い出せる限りのところに遡って、一日刻みで具体的に思い出すのです。はじめはなかなか思い出せないのが、内観指導者が回ってきて「今何を思い出していますか」と尋ねられ、次第にこの三点を想起するようになります。特に、何も自分は親に返していないのに、たくさんいろいろなことを母からしてもらっていた記憶ばかり出できて、ありがたさとともに申し訳ない思いで一杯になっていきます。

この内観は少年院や刑務所でも行われていますが、やり方を間違えるとあらゆることが自分の責任であるような自罰的な思いに支配されてしまうことがあります。たとえば、どしゃぶりの雨が降ったことで、「こんなに雨が降るのも自分のせいだ」というような、行きすぎた自責の念を持つ場合があります。

内観の三つの問いには、自分が両親に恵みを与えていたことの追想は含まれていません。生まれてから三歳くらいまでの子どもは、その愛らしさによって計り知れない恵みを両親に与えています。私にも子どもがいますので、このことは実感していることです。この子どもから親に与えている恵みを捨象して「申し訳ない」と思う体験ばかり想起しているのでは、親子の相互性が回復されにくいと思います。この相互作用を回復し家族全体が甦っていかないと、振り子が反対の方に振り切れてしまいかねません。

内観療法と「道徳的マゾヒズム」

罪と向きあうことはきちんとしなくてはなりませんが、限度を越えた自己処罰は環境がかわると揺り戻しを生じさせてしまいます。その例として、昨年（二〇〇四年）の夏、先ほどお話しした殺人事件の元共犯者が逮捕監禁を犯し、報道でとり沙汰されました（再犯を犯したのは、私が受けもった元A少年だと早のみこみした方が大勢いたようですが、元A少年は現在まだ受刑中で、再犯したのは別の共犯者です)。この共犯者について、心理鑑定を行った鑑定人は「道徳的マゾヒズム」と証言しました。法廷でこの共犯者は、真摯に反省しているかのように見えましたが、殺意は否認していました。強迫的な反省の反面で殺意を否認していることについて、鑑定人は臨床心理学上の「否認」の防衛機制によるものと解釈していました。判決で殺意は認定されましたが、裁判や受刑の枠組みが解かれたあと、事実を直視しない強迫的反省は揺り戻しを生じ、この再犯につながったのではないかと思います。また裁判終了後、この共犯者の元弁護人の一人が職権を使って戸籍謄本を取り寄せ放送局に交付したことで、弁護士会の懲戒処分を受けました。処分内容は新聞に公表されるので、元共犯者がこの懲戒処分の事実を知った可能性を否定できません。継続的に内観的営みを支えなくてはならない弁護士がルール違反を犯していては、本人が犯した罪と向きあうことなどできようもないでしょう。

私と元A少年の交流はずっと続いています。年に一度、刑務所の特別許可を得て面会し、一年間お互い何をしてきたかを確認し合うのです。私は塀の外にいても彼と共に生きているのだという実感があります。二人とも次に会うまでの一年間おろそかに生きるわけにいかないので、この年に一度の面会は、互いの大きな励みになっています。

親子の相互性の回復――「くまちゃんカード」

「道徳的マゾヒズム」に陥らないようにするにはどうしたらいいでしょうか。

私は村瀬先生がお使いになっている「くまちゃんカード」【図13】〔村瀬嘉代子『よみがえる親と子』岩波書店・九五頁・品切れ中――もとになる調査研究は『統合的心理療法の考え方』金剛出版・五一頁〕に助けられています。一つ一つの絵を手に取れるくらいの大きさのカードにしてあり、それを子ども、親御さんに見せてお話を作ってもらいます。また、「褒められたこと」「褒めたこと」、「病気のときのこと」など、絵を見ながら思い出してもらいます。その話を聞き、きちんと仕分けしたうえ

①「ほめてくれるのは誰？」

②「しかっているのは誰？」

③「病気の時、そばにいてくれるのは誰？」

④「一個だけケーキをあげるとしたら誰に？」

⑤「プレゼント買ってきてくれたのは誰？」

⑥「夜寝る時、おやすみなさいしてくれたり、お話をきかせてくれるのは誰？」

⑦「一緒に遊んでくれるのは誰？」

⑧「いじめられた時、誰にたすけてもらう？」

⑨「お風呂に一緒にはいっているのは誰？」

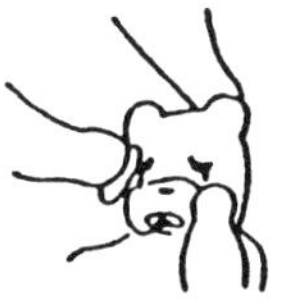

⑩「悲しい時になぐさめてくれるのは誰？」

【補記】絵のタイトルは質問文ではない。一人ひとりの子どもたちに面接して、「これはどんなところかしら」と自然な流れのなかで尋ねると、子どもたちは「いい子、いい子と褒めてくれるの」などと答えて、それにまつわる話をしてくれる。そうした子どもたちのイメージをそのまま伝えてもらうことが大切であり、「誰がいい子いい子と褒めてくれたのかしら」などと聴くこともあるが、こちらが恣意的に選択したような聴き方はしないようにしている。あくまでも個別に即応した対応が必要となる。（村瀬嘉代子）

【図13】「くまちゃんカード」

で、それぞれ親御さん、子どもに伝えていきます。

そうすると、親が覚えていないお父さんやお母さんのことを、子どもが語ってくれることもあります。もちろんその逆もあります。子どもが知らないことをお父さんお母さんが言ってくれたり、褒めたことについて『こんなことがあったんだよ』と言って、子どものいいところをたくさん言ってくれることがあります。この「くまちゃんカード」を使ったコミュニケーションによって、申し訳なさの片面だけではない、温かい、ありがたい、懐かしい、嬉しいという感情のこもった親子の相互性が復活してきます。

面接場面での「遊戯」的要素

この「くまちゃんカード」には「遊び」の要素が含まれています。自分の内側を見つめるときには、こころが自由に動くことが大切で、それには遊戯的要素も必要なのです。たしかに、犯した事実は悪いことではありますが、少年のこころが、タテマエでなく自由に動かないと、良い方には変わりません。

先のA少年は心理鑑定の時に、鑑定人から『好きな絵を描きなさい』と言われて、こんな人の絵を描いたそうです。出っ歯で、片目にパッチをつけ、顔に縫い傷があり、腹巻きをつけ、地下足袋を履いている男の絵です。鑑定人はこの絵を見て、「まだこの少年は反省していない」と考えていました。きっと「ヤクザに同一化しているからまだ反省していない」という解釈だったのだと思いますが、私はこの絵を見てすぐわかりました。

この絵は誰の絵でしょう？　彼は面会の時に『こんなのを描いたんですよ』と言って、ノートに描いて見せてくれました。これは「立つんだ、ジョー」のセリフで有名な『あしたのジョー』〔ちばてつや〕の丹下段平の絵です。

では、どうして彼はこの絵を描いたのでしょうか？　マンガの一場面で丹下段平は、少年院にいるジョーが力石徹と戦うのを知って、葉書を書きます。「明日のための第一章。ジャブはスナップを効かせて打つべし」と。丹下段平は、ヤクザがかった部分はあるけれども、自分に何かを教えてくれる人です。励ましや助言を与えてくれる人です。A少年は、私との手紙のやりとりが、このジョーと段平の手紙のやりとりと同じだと思ったのです。彼が描いた絵を見た時、私は「あ、俺のことを描きやがったな」と思いました。そして彼もすぐそう言いました。

この絵には「笑い」や「遊び」の要素があります。ワイドショーの視聴者がこれを知ったら「人を殺した者がマンガを描くとは、なんと不謹慎な奴か」と思うかもしれませんが、この自由に動くこころこそが、自ら罪と向かいあう力の根源なのだと思います。

アプローチに苦労したケース——空間の認知障害をもつ少年

この重罪事件が終わって何年か経ち、コミュニケーションをとりにくい少年に会いました。その子は、未成年の時のひき逃げ事件、成人になってからの窃盗、道路交通法違反など、都合三回事件を起こしました。

この子は空間の認知障害を持っており、医師と心理臨床家のサポートを受けつつ、三回の事件を進めました。心理検査の結果、彼は空間の左右バランスの認知が健常者と異なっていて、漢字を識別したり、形を記憶して書くことに不自由を感じています。例えば、カラオケの歌詞が画面にテロップで流れますが、彼にとってこれを歌いながら読みとることは困難なのです。彼は歌詞を全部覚えている曲しか歌いません。

こういう不自由をしているので、彼は国語が大嫌いでした。「この主人公は、この場面でどのような思いでいるか?」というような、感情を読みとる質問にはほとんど答えられないのです。ただし、感情と関係しないマニュアル本やカタログはこれとは別で、携帯電話のマニュアル、車やお酒のカタログは大好きなのです。

最初の事件では十分なコミュニケーションがとれませんでした。最初は、「受容」と「共感」のアプローチで少年と面接しましたが、彼は最後まである隠し事について自分から話すことができず、対話の進展について不全感が残りました。やっとリレーションがついたと感じたのは二回目で、最初の事件のときに隠していたある秘密を打ち明けてくれました。

「ピンチはチャンス」

三度目の事件の時、彼は拘置所で『僕の将来の夢はバーを開くことです。来たお客さんに合う音楽をかけます。神谷先生だったらボズ・スキャッグスの曲。店は「ピンチはチャンス」という名にします』と言いました。

この店の名前については説明が必要ですね。平成十一年一月十一日にNHKが放送した「チャイルドライン」という企画がありました。これは、全国の子どもたちの悩みを午前九時から午後十時まで、五十台の電話を使って聴き取るという企画で、河合隼雄先生や村瀬先生も電話の受け手のスーパーバイザーとして参加されました。その集計のコメントをするコーナーで、たまたま私がテレビに映って「ピンチはチャンス」と発言したのをこの子が見ていたのです。それでその言葉を覚えていて、二度目に逮捕された時、警察で「ピンチはチャンス」と、何度も自分に言い聞かせていたそうです。

二度目の時は執行猶予がつきましたが、猶予期間中に三度目の逮捕となり、厳しい判決を予想して彼は拘置所の中で極度の不安に陥りました。それで怖い夢をたくさん見ていました。

怖い夢を見ている彼に私はこう言いました。『怖い夢を覚えておいて、朝ノートに書きなさい。怖いものが出てきたら、相手はどんな姿をしていたか、朝書いておきなさい』と。その時彼は『死んだおじいちゃんが出てきて、あの世に連れて行かれる夢を何度も見た』と言ったので、私は『よし、わかった。夜寝る前に、ノートに「ピンチはチャンス」と百回書け』と言いました。こうして彼は就寝前に「ピンチはチャンス」という呪文をノートに繰り返し書くようになりました。そうしているうち、だんだん怖い夢を見なくなりました。

その後「将来の夢は?」という話になった時、彼はバーを開く夢のことを話し、店の名前は「ピンチはチャンス」だというわけです。私は『いい夢だね』と言いましたが、このやりとりは「受容と共感」ではなくて、認知障害のお子さんたちと接するときのやり取りに近かったと思います。

変わったのではなく見過ごされてきたこと

神戸の事件の後、二〇〇〇年五月の豊川の少年事件と二〇〇三年の長崎の事件で、アスペルガー症候群という鑑定が出ました。二〇〇四年の佐世保の事件では「アスペルガー症候群ではないがそれに近い傾向がある」という決定が出ています。これらの鑑定は最近の精神医学の知見に基づいて判断がなされたわけですが、このような知見が広まっていない時代に、コミュニケーションをとりにくく理解のしにくい子たちが重罪を犯した時、「反社会的人格障害」「情性欠如」、「行為障害」といった診断名がつけられ、その子の持つ特性に合わない処遇がなされてきたのではないかという思いがしています。

「ピンチはチャンス」という呪文を唱えた彼は、コミュニケーションがとれるようになるには相当の時間がかかることと、それまでの人間理解の枠組みと対話の方法を広げなくてはならないということを私に教えてくれました。彼から、少年たちが変わってしまったのではなく、認知障害の背景をもつ子どもたちに対する非行臨床での認識が十分でなかったのだということも学んだわけです。

審判決定と少年の家族関係

ここで神戸事件以後の重罪事件について簡単に触れておきたいと思います。

神戸事件についての重要資料として、担当判事の論文があります。インターネットで「井垣康弘」という名前を検索にかけると、神戸新聞に発表された井垣判事の論文に行き当たります。そこに井垣判事が審判後、年に一度、医療少年院を訪れて少年と面会し、指導を続けていたことが明らかにされています。

この事件では、共同鑑定をされた鑑定人の意見が非常に重要であり、審判決定に強く反映されています。このような鑑定人やスタッフの配慮があって、この少年は立ち直りの歩みを進めることができたのだろうと私は思っています。『少年A　矯正二五〇〇日　全記録』〔草薙厚子・文藝春秋〕に鑑定人の一人の発言が載っており、それによると、この少年は性中枢の発達が遅れていたということです。この少年は、女性に対して愛しい思いを抱いたり、それによって性的興奮をするということが起きなくて、動物を解剖したり、人を殺したりすることで性的興奮を覚えて射精しており、その極点がこの事件でした。この事件の背景にも、彼の意志によらない器質的障害があったのです。

以下に、神戸の事件、長崎事件、佐世保事件の親子関係に関する部分の判示と、決定のスタンスに焦点を絞って比較してみたいと思います。

神戸の事件

神戸事件の審判決定は、家族関係について非常に控えめに書いています。

「少年は長男として出生し、少年の両親や家族から期待されてその後生まれた弟たちと比較して厳しくしつけられて成長した。そのため、少年は、次第に、両親、とりわけ母親に対して自己の感情を素直に出さなくなっていった。」
「祖母は、厳しいしつけを受けていた少年をときにはかばってくれ……」
「なお、少年の両親、特に母親との関係改善も重要である。」

家族関係について触れている部分はこの程度です。少年の両親によれば、両親が面会に行った時、少年から『ブタ野郎！』と罵られたことがあるとのことです（『「少年A」この子を生んで』「少年A」の父母・文藝春秋）。この親子、特に母と子の間には相当の葛藤があったと思いますし、事件を起こした後も、お母さんが事件の報道を見ていて「息子がやったんだ」ということに気づいてくれなかったことに対して、少年は憤りを感じていました。母の厳しい躾の具体的内容は審判決定からはわかりませんが、決定要旨を公表する段階で神戸家庭裁判所の所長が具体的記述を相当カットし、ふるいにかけられました。また、厳しい躾をした母親に対して、批判めいた書き方は全くしていません。

こういう配慮が私は非常に重要であると思います。家族関係の内容に具体的にふれたり、両親の養育態度をあからさまに批判することは、少年の予後に大きなマイナスになると考えられます。

長崎の幼児誘拐殺害事件

次に、長崎の幼児誘拐殺害事件の審判決定を見てみましょう。この決定要旨の基本的なスタンスは神戸事件のそれと相当違っています。

「少年のアスペルガー症候群が本件非行に影響していることは確かだが、直接本非行に結びつくものではない。少年には、幼稚園時代から他者との意思疎通に難があり、さまざまな特異行動が見られたにもかかわらず、家庭と学校が問題意識を共有せず、少年の発達障害に応じた指導に当たれなかった。母は少年の運動能力が劣ることや手先が不器用であることを気にして幼児期から特訓をしたり、小学校入学後はほかの児童に馬鹿にされないように付きっきりで勉強を教え、寄り道をすると厳しく叱責したが、このような父母の養育態度は少年が同年代の子どもと交友する機会を減少させ、少年の相互的コミュニケーションの拙さ、共感性の乏しさに拍車をかけた。」

「拍車をかけた」というのは、事実を言っているのではなく、事実に対する「評価」ですね。事実を客観的に言っているのではなくて、「それはマイナスであった」という意見を言っています。神戸事件の決定要旨が淡々と事実を書いているのと大きな違いがあります。もう少し長崎の決定を見てみましょう。

「少年の問題性について適切な措置が講じられないまま、少年は中学生となり、思春期を迎えた。小学校時代は教師や同級生が少年の特異性を認識して優しく接するなど特別な配慮をしていたが、中学入試で特別な配慮を受けることがなくなるなど環境が大きく変化した。本件非行のころ、少年はかなりの精神的負担を負っている状態にあり、非行当日、少年は帰宅時間が遅れて日頃から極端に恐れていた母の叱責を受けると思い込み、緊張状態のまま家を離れた。」

こういうところで、当日の行動などについて、少年の生の心情が書かれています。「処遇選択の理由」のところではこう言っています。

「また、性的なこだわりが、衝動的に他人への攻撃として表れる危険があるので今後の処遇、特に集団処遇に際しては細心の注意が必要だ。さらに、少年と父母との親子関係が本件非行に与えた影響は大きく、父母は、少年や家庭での問題点を真剣に考え、遺族にもできる限りの謝罪の措置を講じる必要があるのに、少年や遺族への対応は十分ではない。」

このように父母を批判しています。「今後の処遇、特に集団処遇に際しては細心の注意が必要だ」と言っておきながら、養育態度などについて他罰的ともとれるような批判を書いてしまう点は、大きな矛盾であり、それは予後に対する大きなマイナスとなると思います。認知障害的な背景をもつ少年の養育について理詰めの批判をしても、予後への指針になるところは少ないと言わなければなりません。

無言でも伝わってしまうこと

こういう他罰的な審判決定は予後に大きな影響を与える危険があります。

私の経験で、こころのなかでちょっと思ったことが原因で、少年との関係性が切れかかったことがあります。医療少年院を退院後、精神病院に入れられた少年に面会に行った時、彼は抗精神薬を飲まされていて、いつもの彼と全く違う様子でした。瞬きを全くせず、呂律の回らぬ話し方で、同じ事を繰り返し言うという状態で、私はこころのなかで「この子は私の手の届かないところに行ってしまった」と一瞬、思ったのです。その後だいぶ経って一時帰宅が許された時、彼はアパートの四階から飛び降りてしまいました。幸いにも桜の木に引っかかって、複雑骨折しただけで命は助かりました。その後さらに時が経って、自宅訪問した折に、飛び降りた時の話になり、彼は病院での私の態度から「神谷に関係を切られた」と感じ、「死んで生まれ変わり、違う人になって人生をやり直そう」と思ったことを話してくれました。あの時、口に出さずに心中ふっと思ったことが伝わってしまったのです。私はそこで詫びました。それを思うと、新聞に公表する審判決定の要旨にこういうことを書いたのでは、少年の予後は滅茶苦茶になってしまうのではないかと私は危惧しています。

佐世保女児殺害事件

長崎事件の起きた翌年、佐世保で今度は女子児童が同級生の女児をカッターナイフで殺す事件が生じてしまいました。この審判決定は、長崎の幼稚園児誘拐殺害事件ほどに非難的なことは言っていません。佐世保の審判決定要旨のうち、「女児の認知・情報処理の特性」の項を読んでみます。

「女児は、生来的に、①対人的なことに注意が向きづらい特性、②物事を断片的にとらえる傾向、③抽象的なものを言語化することの不器用さ、④聴覚的な情報よりも視覚的な情報の方が処理しやすいといった認知や情報処理の特性を有している。そのため、女児は自分の中にあるあいまいなものを分析し統合して言語化するという一種の作業（例えば、感情の認知とこれの言語化）が苦手である。なお、①ないし④の特性は、広汎性発達障害や受容性表出性言語障害などに多く見られるものである。しかし、女児の特性は軽度で、上記各障害やその他の障害と診断される程度には至らない。」

認知・情報処理の傾向として、感情をうまく言語化することができないということが指摘されているのですが、これに続く「女児の情緒的特性」などの項も淡々と書かれています。

この佐世保の決定は、同じ県内で起きたことなので、長崎の審判決定は書きすぎだという反省に基づいて配慮がなされたのかどうかわかりませんけれども、私はこの佐世保の決定は要旨を公表する場合のあるべき姿であると思います。ただ、これを読んでも被害者の遺族は納得できませんでした。新聞社に勤めている被害者のお父さんが記者会見でそうおっしゃっていました。

時間があれば、この三つの事件を比べて頂きたいと思います。事件の中身を比べると同時に、それに携わった裁判官や鑑定人の資質がどうだったか。鑑定人の資質の影響は相当大きいのではないかと思います。鑑定しているなかで治療的なことを伝えることができる方とそうでない方とが、分かれると思います。

認知障害のある少年 ——家裁調査官の配慮

冒頭にご紹介した藤川洋子調査官の『少年犯罪の深層——家裁調査官の視点から』を読んで、いろいろなことを教えられました。認知障害の子の呼び出しについて、この本の最初の方に書かれているところを紹介します。

「ひと筋縄ではいきそうにない少年の場合、私は、家庭裁判所への『呼び出し状』にはかなり神経を使う。普通は、事件番号と非行名とともに、いつ、どこに、誰と出頭しなさいという定型的な文書を使うのだが、少し説明を加える必要が出てくる。

——あなたはなぜ、家庭裁判所に呼ばれるのか。呼び出しに応じればどうなるか。応じなければどうなるか。家庭裁判所は、あなたに対して何をするところか。あなたがどのようにすれば、家庭裁判所から放免されるのか。

彼にとって意味のある判断材料を提供する。疑いが発生する余地のない形で、彼の状況を説明してやらねばならない。そこから始めないと、いつまでたっても彼の協力は得られないだろう。私たちが事態を打開していくためには、彼自身の協力を得ることが大切な第一歩なのである。」〔二〇頁〕

認知障害のあるお子さんが鑑別所に収容されておらず自宅にいる場合は、家に「呼び出し状」を出すわけですが、その「呼び出し状」の書き方ひとつに、これほどまでもきめ細かな配慮をされているのです。それは、疑問を残さないかたちでインフォームドコンセントをしっかりとっていく、ということです。

こういう障害のあるお子さんは、たとえば『五時までに帰っておいで』と言われると、何時に帰ってきたらいいのか理解できないことがあります。「五時まで」ということは、二時でも三時でも五時前なのだから、何時に帰って来たらいいのかわからなくなってしまう。『五時に、帰っておいで』と言われればピッタリ五時に帰ってくるわけだけれども、『五時までに帰っておいで』と言われると迷ってしまうのです。

藤川洋子調査官は、最初の段階での呼び出し状ひとつについても、少年の理解力をきちんと考慮して、こちらの思いを正しく相手に伝えていこうという、奥の深いインフォームドコンセントをされているのです。私たちもこれを見習わなくてはいけないと思います。

被害感情との直面

少年法が改められてから、被害者への配慮ということが重視され、少年審判では裁判官・調査官が謝罪や示談を早い段階から打診してくるようになりました。

「直面」の適時性

私は、最近受けた高校生同士の集団乱闘事件で『謝罪や示談はすぐにはできない』と言いました。形式的に被害者に向き合わせるだけでは、タテマエの反省で終わってしまいます。今少年は、鑑別所に入ったことで退学の不安を抱いています。退学はないとしても進級できなくなるかもしれません。さらに嫌いな科目があり、その成績低下も歯止めがかけられなくなるかもしれない。

こういう不安を一つ一つ解決したあとでないと、被害者の痛みと向きあうことなどできません。また神戸事件の決定でも言われているように、重い事件では罪との直面は「両刃の刃」であり、直面化の反動として、自殺する危険があります。このように、「守り」の配置ができあがったあとでなければ、被害感情と直面させてはいけないと私は思います。これは被害者をないがしろにしていることでは決してなく、本当の意味で罪を実感するうえでの「直面の適時性」を考える、ということなのです。

そこでどうしたかというと、まず学校と掛け合い、学校での処遇がどうなるのかの見通しをつけました。同じ学校から逮捕者が複数出たのですが、先に暴力を振ったのは相手校生徒だったこともあり、全員退学はさせず、懲戒処分もしないという上申書を校長先生から家裁に出して頂きました。また、担任の先生に学校での生活状態と単位の制度について報告書を書いてもらうとともに、審判廷で、原級留置にはならないことと今後の指導のあり方について確認して頂きました。

このような不安の材料を一つ一つ消していくなかで、少年は被害感情と正面から向きあう流れになっていきました。

「直面」の前になすべきこと――「マイナスの思い込み」の解消

この少年は英語が大嫌いなのです。英語を学ぶ意味などないと言いつつ、英語の授業中にミニディスクでパンク・ロックを聴いています。「パンクの歌詞の意味などわからなくてもいい」と、勝手に決めつけているのです。

私はその言葉を聞いて、『そうじゃないだろう。君がそのアーティストを本当に好きなのなら、彼らが何を言っているか、知りたくなるのが普通だと思う』と言うと、『訳詞もついているから、特に英語を勉強する必要はない』と、それまでの態度をかたくなに変えようとしません。この少年の「構え」は、認知障害をもつお子さんの「こだわり」にどこか似たところがあります。この「マイナスの思い込み」（スキマー）を被害感情との直面の前に解消しておきたいものです。

皆さんだったら、面会のとき、「英語を勉強しなくてもよい」という思い込みの解消のため、彼にどのようなことを言われるでしょうか。

このような時、雑学が役に立ちます。私は高校時代にフォークバンドをやっていて、サイモンとガーファンクルの演奏と同じように弾けるようにコピーしていました。彼らの曲に『早く家に帰りたい』という名曲があるのですが、そのスリーコーラス目で「All my words come back to me（自分が作った歌は全部わが身にはね返ってくる）」と歌っています。サイモンとガーファンクルの解散後、アート・ガーファンクルは彼のソロ・コンサートでこの曲を歌う時、「All his words come back to me（彼が作った歌はみんな僕にはね返ってくる）」と歌っているのです。私はガーファンクルが「my」を「his」にかえて歌っていることに感激しました。曲を書いたのはポール・サイモンなので、ガーファンクルはここの歌詞をかえたのですね。

私は『この「my」と「his」の違いに気づくことで、彼らの友情がわかるではないか』と少年に言いました。

9・11追悼番組の『明日に架ける橋』

もう一つ。9・11の悲惨なテロがあった数日後に、アメリカの名だたるミュージシャンが参加した追悼コンサートがあり、衛星中継で世界中に流されました。この番組にポール・サイモンも登場し、彼の代表曲『明日に架ける橋』を歌いました。この曲の最後は「I will ease your mind（あなたのこころを憩わせてあげよう）」というクライマックスで、盛り上がって終わるのですが、その歌詞の大本は、「疲れた者、重荷を負う者はだれでも私のもとに来なさい。休ませてあげよう」というイエス・キリストの言葉です〔マタイによる福音書・一一章二八節〕。

この追悼演奏の時、ポール・サイモンが最後の山場をどのように歌ったかというと、彼は「I will ease your mind」の最後のフレーズを歌えなかったのです。彼は最後のところで絶句してしまいました。私は立ちつくす彼の姿を見て、こころが引き裂かれるような思いをしました。同時テロで高層ビル二棟が破壊され、ビルの中にいた人だけでなく救助しようとした多くの人々が一瞬にして亡くなったことによって、ポール・サイモンのこころも激しく傷つき、「あなたのこころを憩わせてあげよう」という言葉を発せられなかったのです。この絶句の様子は、まるで十字架にかけられたイエスの最後の言葉、「主よ、主よ、何故我を見棄て給うや」を想い起こさせるものでした。

そこで私は、最後の歌詞の意味を知っていて、その歌詞を歌えなかった現実を目の当たりにしたことによって、こころを揺さぶられたのだ、ということをこの少年に話しました。そして、『こういうことがわかるのとわからないとでは、自分の見ている世界の広さが違ってくると思わないか？』と問いかけました。

この話をした次の面会の時、少年は私に『鑑別所で英語を勉強しています』と言いました。鑑別所には勉強の教材が置いてあり、それを借りて彼は中学の英語からやり直し始めていました。

世代がだいぶ離れていても、「遊び」の要素があったり、こちらが「本気」で取り組んだり感激したことがあれば、その話は相手に伝わるものだと思います。こうした自分自身の根幹に触れる雑学の話をたくさんこころの引き出しに入れておくと、とっさの時に役立つことがあるという一例でした。

おわりに――自立する子と親、それぞれの「悲哀」を噛みしめる

最後に、これは私の勝手な好みで、一曲聴いて頂いて終わりにしたいと思います。私の子どもも高校二年生になって、親の言うことを聞かなくなり、コミュニケーションも少なくなってきましたので、上条恒彦さんの父親の悲哀の歌『我が子は去りゆく』を聴いて、結びにかえたいと思います。

我が子は去りゆく〔ジルベール・ベコー作詞＋作曲／かぜ耕士・訳詩〕

音も立てず荷物を運び／息子は出ていく　この手を離れて／俺の助けもいらずに
昨日までは夢見る子ども／そんなつもりの俺だったけれど／お前はすでに　大人だ
お前だけで　俺の知らない／世界めざし　ドアを開いて／笑顔一つ　軽くひとこと　「行くよ」
俺の一番美しいものが／大事なものが　長い月日が／振り返りつつ　出ていく
そうさ　そうだ　これが人生／息子は出て行く　知っていたのに／何を　今さら　悲しむことがあろう
似てる　お前は　二十年前の／同じように家を離れた／あの日の俺に
似てる

携帯、メール、インターネット、このツールでうわべだけのコミュニケーションを繰り返していると、自分自身の悲しみすら実感する力が萎えていくのではないでしょうか。悲しむ力、察する力を喪失してしまうまえに、このような歌を聴いたり、自分の生まれてこのかたの記憶をよみがえらせて、少年の人生と突き合わせることが必要だと思います。

「少年事件と家族」という大きなテーマに答えられたかどうか、はなはだ心許ない思いでいますが、これで終わらせて頂きます。どうもありがとうございました。

（二〇〇五年五月二十四日――大正大学大学院にて）

あとがき

平成十六年春、急遽、大学院の「家族心理学特論」を担当することになり、さてと思いを巡らせました。出来れば、〝家族〟についで考え、かかわるための理論は基底に持ちながらも、理論や技法の紹介、学習に止まるのでなく、理論とそれへの援助技法、および臨床的姿勢とが相互に裏打ちしあい、それが臨床実践に展開される、そしてさらに、その臨床の営みを通して、思索が深まり、新たな理論や技法の萌芽が生じる、そういう過程に触れられたなら……と。

そこで、それぞれの領域で臨床家として長年の実践と思索を積んでこられた方々を教室にお招きし、臨床実践に基づく〝家族〟についてのお考えとかかわり方の実際についての講義を伺い、それをもとに講師と私、院生が討論する、という時間をもちました。限られた時間ではありましたが、家族が心理臨床の実践に持つ意味がさまざまに異なった角度から浮かび上がり、さらに状況や問題に応じて家族へどのようにかかわればよいのか、個別化した対応の必要性とその対応の要諦がかなり明らかになりました。加えて、家族へ援助的に関わる場合の今後の展望や課題が自ずと提示されました。

こうした内容を当日の聴講者だけで共有するのはとても惜しいと思われたところ、新曜社の津田敏之氏が御理解と御関心をお示しくださり、このようなかたちで出版してくださいました。また、講師を務めてくださった方々も、当日の講義内容をもとにしながら、さらに新たな構想を加えて御執筆くださいました。深く感謝いたします。

なお本書では、読者の皆様と執筆者との橋渡しのお手伝いになればと、各章のはじめに一文を添えさせていただきました。

〝家族〟については、まさしく百花繚乱の趣があるくらい、多くの議論が展開されています。ちなみに心理臨床の実践をとおして考えてみますと、たとえ直接家族にかかわることがなくとも、人は家族のなかで生まれ育つということが基本的にあるという現実のもとでは、家族にまったく関わりなく営まれる心理臨床の実践は極めて稀と申せましょう。心理臨床に携わる者にとっては、家族について学び、思索を深め、そのかかわり方について研鑽することが必須であろうと思います。本書がその意味で、何らかのお役に立つならば、まことに有り難く存じます。

平成十七年　初夏

村瀬嘉代子

執筆者略歴（掲載順）

原千枝子（はら・ちえこ）
1953年生まれ。上智大学文学部卒。
1976年、家庭裁判所調査官補として採用され、2006年4月現在、甲府家庭裁判所首席家庭裁判所調査官。

黒川佐枝（くろかわ・さえ）
1951年生まれ。東京女子大学文理学部卒。臨床心理士。
1973年、東京家庭裁判所に採用され、家庭裁判所調査官として少年事件・家事事件に携わる。2005年、千葉家庭裁判所総括主任家庭裁判所調査官を最後に退職。

竹中星郎（たけなか・ほしろう）
1941年生まれ。千葉大学医学部卒。放送大学客員教授。
専門は精神医学。著書に『高齢者の喪失体験と再生』（青灯社）、『明解痴呆学』（日本看護協会出版会）、『老年精神科の臨床』（岩崎学術出版社）など。

中釜洋子（なかがま・ひろこ）
1957年生まれ。東京大学大学院教育学研究科満期退学。東京大学大学院教育学研究科助教授。専門は臨床心理学・家族心理学。著書に『いま家族援助が求められるとき』（垣内出版）、『学校臨床そして生きる場への援助』（共著・日本評論社）、『教師のためのアサーション』（共著・金子書房）など。

神谷信行（かみや・のぶゆき）
1954年生まれ。中央大学法学部卒。弁護士。著書に『少年事件の臨床——「いのち」を学ぶ付添人活動』（明石書店）、『犯した罪に向きあうこと——少年事件の臨床Ⅱ』（明石書店）、『知って活かそう！著作権』（日本評論社）など。

監修者略歴

村瀬嘉代子（むらせ・かよこ）

奈良女子大学文学部卒。臨床心理士、文学博士。
大正大学人間学部教授。

著書に『子どもと大人の心の架け橋』（金剛出版）、『子どもの心に出会うとき』（金剛出版）、『子どもと家族への援助』（金剛出版）、『聴覚障害者の心理臨床』（日本評論社）、『教員養成のためのテキストシリーズ』（共編・新曜社）、『柔らかなこころ、静かな想い』（創元社）、『子どもと家族への統合的心理療法』（金剛出版）、『子どもの福祉とこころ』（監修・新曜社）、『統合的心理療法の考え方』（金剛出版）、『小さな贈り物』（創元社）、『聴覚障害者への統合的アプローチ』（日本評論社）、『老いを生きる、老いに学ぶこころ』（共編・創元社）など。

編者略歴

伊藤直文（いとう・なおふみ）

1951年生まれ。立教大学大学院文学研究科心理学専攻修士課程修了。浦和家庭裁判所家庭裁判所調査官、大正大学人間学部専任講師を経て、現在、大正大学人間学部教授、カウンセリング研究所主任。

著訳書に『よくわかる臨床心理学』（共著・ミネルヴァ書房）、『異常心理学』（共訳・誠信書房）、『十代の心理臨床実践ガイド』（共訳・ドメス出版）など。

論文に「非行少年と家族」（『犯罪心理学研究』34号1号）、「相談意図とその見立て」（至文堂『21世紀の法律相談』所収）、「非行少年とどう関わるか」（『臨床心理学』vol.2-2）など。

新曜社
家族《かぞく》の変容《へんよう》とこころ
ライフサイクルに添った心理的援助

初版第1刷発行　2006年5月18日

監修者　村瀬嘉代子 ©
編　者　伊藤直文
発行者　堀江　洪
発行所　株式会社 新曜社
〒101-0051 東京都千代田区神田神保町2-10
電話(03)3264-4973(代)・FAX(03)3239-2958
e-mail　info@shin-yo-sha.co.jp
URL　http://www.shin-yo-sha.co.jp/

印刷・製本　株式会社 太洋社　Printed in Japan

ISBN 4-7885-0994-6　C1011